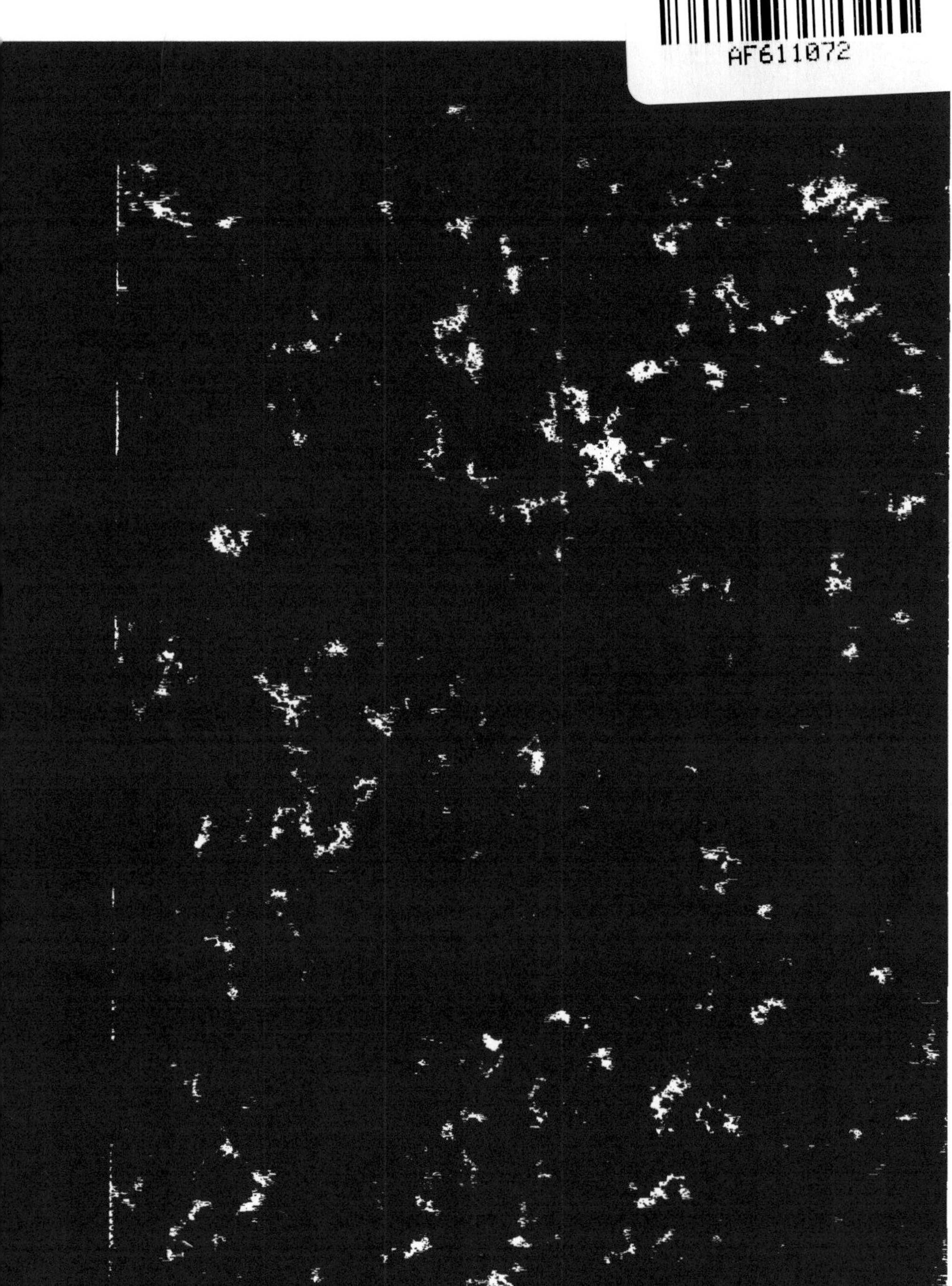

LE PORTUGAL

Paris. — Imprimé par Alcan-Lévy, 61, rue de Lafayette.

AMÉDÉE BOUDIN ET FÉLIX MOUTTE
Auteurs de L'ESPAGNE 1868-1870
Chevaliers de l'Ordre royal de Charles III

RÉVOLUTIONS MODERNES

LE PORTUGAL

1861-1867

PARIS
ALCAN-LÉVY, IMPRIMEUR-ÉDITEUR
61, RUE DE LAFAYETTE

1872

AVANT-PROPOS

Notre Étude sur la révolution d'Espagne (1868-1870) nous a naturellement conduits à examiner l'histoire contemporaine d'un pays sur lequel la Régence de Madrid a, un moment, jeté les yeux pour le choix d'un roi, en caressant peut-être le rêve de l'*Unité ibérique*.

Ici, toutefois, nous n'avons pas à raconter des luttes violentes, — mais l'œuvre sérieuse et hardie de réformes dictées par les besoins du siècle ; l'action bienfaisante du progrès chez une nation qui possède, au même degré que l'Angleterre et la Belgique, l'idéal du régime constitutionnel.

Quand on songe au rôle odieux que joue la Prusse devant l'Histoire, à l'heure où nous écrivons; quand on réfléchit aux dangers qu'entraînent pour la civilisation, quoi qu'on en dise, ces immenses agglomérations d'individus, si pompeusement saluées du nom de « *grandes nationalités !* » et qui ne tendront jamais qu'à la domination du monde par la conquête brutale et impie, le regard du philosophe aime à se reposer, — comme sur le riant paysage d'une verte oasis, — sur la vie relativement calme de ces peuples qui ont pour unique devise : « *Dieu, la loi et le roi !* »

Le Portugal a eu toutes les grandeurs, éprouvé toutes les vicissitudes ; mais il est aujourd'hui un de ces peuples privilégiés, dont les révolutions, désormais purement morales et économiques, se bornent à des crises ministérielles, où la majesté royale n'est jamais compromise.

Par cela même, trouvons-nous un charme particulier à comparer le cours de ses destinées actuelles, — à peine et rarement troublé à la surface, — avec le torrent impétueux des passions révolutionnaires, d'où a surgi l'Espagne transfigurée !

Ici, nous voyons trois hommes hardis, — trois héros! Juan Prim, Topete et Serrano, — renverser, de leur souffle puissant, une dynastie séculaire, et régénérer un grand peuple!

Là, un jeune souverain, au regard doux et ferme, au cœur honnête, — Dom Luiz Ier, — estimé, adoré de tous, donner le premier l'exemple du respect aux lois, en déclarant : « Qu'il sait être roi constitutionnel, et qu'il ne modifie en rien la règle qui dirige ses actions comme souverain, quant aux devoirs qui lui sont tracés par la Constitution (1). »

Aussi l'élément politique sera-t-il loin d'absorber exclusivement notre nouvelle étude; car, si nous n'avions eu pour seul objectif que les tentatives faites en faveur de l'*Unité ibérique*, — lien principal qui rattache cette œuvre à notre récit de la révolution espagnole, — peu de pages eussent suffi pour démontrer sans peine, — bien que le royaume de Portugal ait subi d'abord les mêmes destinées que l'Espagne, — les obstacles invincibles à l'assimilation complète de ces deux peuples.

(1) Déclaration du roi à la députation de Porto, venue, le 6 mai 1867, pour protester contre les nouveaux impôts.

Mais la fière et noble réponse du roi Dom Luiz Ier à l'offre récente de la couronne d'Espagne, — que, « NÉ PORTUGAIS, IL VOULAIT MOURIR PORTUGAIS, » nous a si singulièrement frappés, que nous avons eu la curiosité de feuilleter les premiers chapitres d'un règne dont l'aurore promet à l'histoire des pages intéressantes.

Septembre 1870.

LE PORTUGAL

1861-1867

I

AVÉNEMENT DU ROI DOM LUIZ Ier

Vers la fin de l'année 1861, et à quelques jours à peine d'intervalle, trois membres de la famille royale de Portugal furent emportés par une maladie qu'on disait « mystérieuse. » C'était le typhus, épidémie terrible, qui moissonnait ainsi ses illustres victimes.

L'infant Dom Fernando d'Alcantara, l'un des frères du roi Dom Pedro V, fut atteint le premier par le fléau, le 7 novembre. Il avait quinze ans.

Quatre jours après, Dom Pedro lui-même succombait à l'âge de vingt-quatre ans.

Enfin, le 23 décembre, le duc de Beja suivit ses frères dans la tombe, laissant des regrets universels. La mort de

Pedro V et celle des infants prirent les proportions d'une calamité publique. Le roi « était encore un enfant, mais ses talents précoces, sa maturité réfléchie, l'honnêteté de son caractère, son zèle de roi et son patriotisme de Portugais promettaient au pays un de ses meilleurs souverains et un règne prospère et glorieux. » Il y avait un an à peine que la reine était morte; une sorte de stupeur s'empara des esprits, et le peuple refusa de croire à la mort naturelle de ses princes.

C'est au milieu de ce deuil immense que le duc d'Oporto, second fils de Dom Fernando, duc de Saxe-Cobourg, et de la reine Dona Maria II, monta sur le trône de Portugal, sous le nom de Dom Luiz Ier. Il avait vingt-trois ans. Son éducation, dirigée vers la carrière maritime, était forte et virile, son esprit avait reçu la plus riche culture. Embarqué, avec le grade de capitaine de vaisseau, sur la corvette à vapeur *Bartholomeo Diaz*, pour compléter la somme de ses connaissances par des voyages scientifiques, il se trouvait à Compiègne avec son frère, le duc de Beja, quand lui parvint la nouvelle du malheur qui frappait à la fois sa famille et la nation. Les deux princes prirent aussitôt congé de la cour de France, pour accourir à Lisbonne. Mais, en attendant l'arrivée du nouveau roi, le conseil d'État avait confié la régence du royaume à Dom Fernando. L'élément libéral dominait alors dans le ministère, que présidait le marquis de Loulé, ministre de l'intérieur, fort appuyé par la majorité des Chambres. L'opinion avait pour représentants : le *parti miguéliste*, ennemi déclaré de toutes les combinaisons libérales et de la dynastie de Bragance; —

l'ancien *parti chartiste*, ayant pour défenseurs le comte de Thomar et ses amis; — la fraction connue sous le nom de « *parti de la régénération*, » et conduite par deux hommes d'une sérieuse valeur politique, ayant tous deux été au pouvoir : MM. Fontès Pereira de Mello et Casal Ribeiro; — enfin, l'ancien *parti septembriste* ou *progressiste*, que personnifiait le président actuel du conseil, marquis de Loulé, dans sa couleur la plus accentuée, « quelque chose d'analogue à ce qu'on appelle l'*Union libérale* en Espagne. »

Le régent Dom Fernando maintint le ministère existant; puis, dans une double proclamation à l'armée et au peuple, il instruisit le pays des événements douloureux qui donnaient au Portugal un nouveau souverain.

Dom Luiz, arrivé le 14 novembre seulement à Lisbonne, n'eut pas la consolation de recueillir le suprême adieu de Dom Pedro. Le même jour, il inaugura son règne par l'expression publique de ses regrets comme frère, et de ses sentiments comme roi : « Le pays, dit-il, pleure la mort du plus juste et du plus éclairé des souverains, et je verse des larmes sur la tombe du plus affectionné des frères. Dans l'exercice de la difficile mission qui m'est confiée, je m'efforcerai de suivre les nobles exemples que m'a légués le vertueux monarque si prématurément enlevé à l'affection de son peuple. Observer fidèlement les institutions politiques de mon pays est chose aussi conforme aux prescriptions de mes devoirs qu'à l'inspiration de mes sentiments. En exécution de la

Charte constitutionnelle de la monarchie, je jure de maintenir la religion catholique, apostolique, romaine, et l'intégrité du royaume, d'observer et faire observer la Constitution politique de la nation portugaise, ainsi que les autres lois du royaume, et de pourvoir, autant qu'il sera en moi, au bien général de la nation. »

Après la triste cérémonie des royales funérailles, où l'amour du peuple portugais pour le feu roi éclata en démonstrations touchantes, Dom Luiz dut faire trêve à sa douleur pour se consacrer à l'expédition des affaires publiques les plus urgentes. Il commença par établir la formule sous laquelle, durant son règne, devaient être expédiés les actes du gouvernement et des autorités qui exercent leur pouvoir au nom du roi. Puis il convoqua les Cortès pour le 22 décembre et appela le vicomte de Païva à l'honneur de représenter le Portugal à la cour des Tuileries, où il avait hâte de faire parvenir le témoignage de sa gratitude personnelle pour l'hospitalité qu'il y avait reçue.

L'attitude du jeune souverain dans la réunion des Cortès générales fut digne, son langage plein d'émotion et de franchise. Tenant le sceptre royal de la main gauche, et la main droite étendue sur les saints Évangiles couverts d'une croix, il renouvela le serment prescrit par la Constitution, et, s'adressant à l'Assemblée :

« Appelé inespérément, dit-il, à régler les destinées du peuple portugais, j'apprécie du plus profond de mon cœur la circonstance solennelle qui me fait me trouver au sein de la représentation nationale. Je consacrerai toute ma sollicitude au peuple portugais que j'ai appris à aimer dès ma plus tendre enfance, afin de concourir autant qu'il sera en moi à lui assurer la grande prospérité dont il est si digne. Je suivrai avec empressement les nobles exemples que m'a laissés mon frère chéri, dont nous regrettons si profondément la perte.

« La douleur que nous inspire à tous le fatal événement que nous déplorons, est à la fois le témoignage le plus honorable consacré à la mémoire du roi Dom Pedro V, et le plus fort stimulant pour que nous nous efforcions tous, comme il l'a fait, de remplir nos devoirs. En cette occasion, j'exprime au roi, mon auguste père, toute ma reconnaissance pour le dévouement avec lequel, dans les plus douloureuses circonstances, il a accepté la régence de ce royaume durant ma courte absence. C'est une nouvelle preuve que la nation et moi avons reçue de son zèle et de sa bonne volonté. Ce peuple, que j'ai l'honneur de présider, est un peuple éclairé et digne, par son amour pour les institutions constitutionnelles, d'occuper un rang distingué parmi les nations les plus cultivées. L'appui qu'il a su donner à toutes les idées de civilisation, prouve que sa destinée ne peut manquer de répondre aux vifs désirs de tous les Portugais. Le serment que je viens de prêter est l'expression sincère des sentiments de mon cœur. La fidélité aux institutions que nous avons le bonheur de posséder nous assure la tranquillité du présent et nous promet le bonheur de l'avenir. Fasse Dieu tout-puissant que le règne qui commence puisse mériter les bénédictions du ciel et les sympathies nationales ! J'attends beaucoup de la coopération éclairée des représentants de la nation en faveur des intérêts publics et pour me faciliter l'exécution de la mission qui m'a été confiée. La gratitude du peuple portugais, digne objet de la plus haute ambition, sera la juste récompense d'une si noble sollicitude. »

Après avoir répondu à ce discours par des protestations de dévouement, et en qualifiant le défunt monarque de « parfait roi constitutionnel et bon citoyen, » le président des Cortès générales acclama, par trois fois et à haute voix, « le très haut, très puissant et très fidèle roi de Portugal, *Dom Luiz* Ier. » C'est au milieu de ces acclamations enthousiastes que le Destin implacable fit encore retentir le glas funèbre de la mort. Le duc de Beja s'éteignit le 27 décembre, victime également du typhus. Ce prince était tellement adoré dans l'armée qu'un soldat et un officier du régiment de lanciers, qui formaient la haie à ses funérailles, s'évanouirent, dit-on, en voyant passer le cortége de leur jeune colonel.

Nous avons dit que ce triple deuil avait donné naissance à des bruits étranges. Tremblant pour le nouveau roi lui-même, dont ces coups successifs avaient quelque peu altéré la santé, l'opinion publique attribua l'épidémie à l'insalubrité du palais. Déjà une ordonnance du 24 décembre avait créé une commission chargée d'étudier la question. La mort du duc de Beja fit revivre des idées d'empoisonnement. Le jour de Noël, une députation populaire, croyant la santé de Dom Luiz compromise, se présenta devant le conseil municipal, extraordinairement assemblé ce jour-là, et le pressa de l'accompagner jusqu'au palais, afin d'inviter le roi à quitter immédiatement *Las Necessidades* pour une autre demeure plus salubre. Elle se mit en marche, entraînant sur ses pas une foule immense et passionnée. Heureusement Dom Luiz était remis de son indisposition. Il se présenta au balcon avec son père, Dom Fernando; tous deux remercièrent le peuple, qui les salua de vifs applaudissements. Puis le roi instruisit la foule que, sur le conseil de ses ministres, il était décidé à changer de résidence. Cette manifestation, uniquement inspirée par l'attachement des Portugais pour la dynastie régnante, allait se dissiper satisfaite, lorsque quelques agitateurs tentèrent de la dénaturer en y mêlant une question alors toute palpitante, celle des Lazaristes et des sœurs de charité étrangères, dont ils demandèrent à grands cris le renvoi immédiat. Mais cette folle tentative échoua devant quelques mesures rapidement ordonnées et le bon sens du peuple. Ce fut l'objet d'un rapport de la part du ministère à la Chambre des députés, qui approuva la conduite du gouvernement.

Quoi qu'il en soit, en présence des malheurs qui venaient d'atteindre la famille royale, les Cortès se réunirent, le 6 janvier 1862, à l'effet d'entendre la communication, par le ministère, de divers projets tendant à parer à toutes les éventualités de l'avenir. L'un d'eux annulait la renonciation à la couronne, faite par les deux infantes Dona Maria-Anna et Dona Antonia en se mariant, l'une avec le prince héréditaire Georges de Saxe, l'autre avec le prince Léopold de Hohenzollern de Sigmaringen. De la sorte, une régence était assurée en cas de nouveaux malheurs. Sur ce point d'ailleurs, comme sur tout ce qui touchait au deuil de la famille royale, il ne pouvait exister aucune divergence d'opinion ; et, dans les Chambres, tout le monde fut d'accord pour écarter du vote de l'adresse toute question politique. « Quand la nation, disait un des chefs de l'opposition, M. Fontès Pereira de Mello, se trouve couverte de deuil par les événements qui viennent de frapper le palais de nos rois, et quand cette Chambre se fait l'interprète des sentiments de deuil de la nation portugaise devant le trône, ce serait une occasion mal choisie pour discuter des affaires politiques. Cette réponse de notre part a la signification d'un tribut de respect pour le roi mort, pour ses vertus, pour ses hautes qualités, et d'une espérance pour les vertus et les qualités du roi qui porte aujourd'hui la couronne portugaise. »

Le 29 janvier, les Chambres se réunirent et se constituèrent en séance permanente pour la nomination du président et des secrétaires ; puis, dans la séance de la Chambre des députés du 30, le ministre de l'intérieur lut et déposa sur le bureau deux projets de loi ainsi conçus :

1° Dans les cas prévus par la Charte constitutionnelle, et en tous autres cas d'empêchement légitime où le royaume devra être gouverné par une régence, cette régence devra être exercée par le roi Dom Fernando, si audit moment il réside en Portugal avec la qualité de Portugais ;

2° Sont déclarés habiles et aptes à succéder au trône,

suivant l'ordre de la succession, les infantes Dona Maria-Anna et Dona Antonia; les princes leurs époux, dans le délai de six mois comptés à partir de la publication de la présente loi, devront renoncer à leurs droits à toute couronne étrangère et se faire naturaliser Portugais.

Il fut aussitôt nommé une commission sur le rapport de laquelle la Chambre, dans une seule séance, adopta les deux lois à l'unanimité. Du reste, dans les deux Chambres, la coopération de l'opposition fut franche et complète. Toutes les considérations de parti disparurent et un appui général fut acquis au gouvernement. Aussi, lorsque le roi et son père, Dom Fernando, qui avait été, ce jour-là, voir lancer deux vapeurs à la mer, rentrèrent à leur palais, furent-ils l'objet d'une ovation populaire des plus chaleureuses.

II

LES LAZARISTES FRANÇAIS

Nous avons touché deux mots de l'affaire des Lazaristes français et des sœurs de Saint-Vincent de Paul. Cette question, dont on essaya de faire inopportunément un élément de désordre, lors de l'avénement de Dom Luiz Ier, a besoin d'explications, car sa gravité même était telle qu'elle amena une crise ministérielle.

Au moment de l'établissement de la Charte, il y avait en Portugal environ 750 couvents (dont 630 de moines et 118 de nonnes) peuplés de plus de 18,000 personnes appartenant à quarante ordres différents. Le clergé séculier comptait un nombre de membres à peu près égal. Un décret royal du 28 mai 1834 ordonna la suppression immédiate des ordres monastiques, aux applaudissements de la nation tout entière. Rome s'indigna; mais le gouvernement tint bon et ne laissa subsister que quelques couvents de femmes, avec la défense expresse de recevoir des novices. Le peuple portugais surtout, trop longtemps victime du prosélytisme et de l'ignorance monastiques, exigea le maintien de cette censure radicale. L'affaire retentissante des Lazaristes français donna le diapason de l'opinion publique sur cette question. — Des sœurs de Saint-Vincent de Paul, avec leurs directeurs lazaristes, s'étaient installées en Portugal pour soigner les malades à domicile et dans les hôpitaux. Tout alla bien tant qu'elles restreignirent à cela leur zèle; mais bientôt, suivant l'habitude française, elles ouvrirent des salles d'asile et des écoles. Le peuple, craignant de voir la résurrection prochaine des couvents enseignants, persuadé que l'influence et les doctrines de la Compagnie de Jésus n'étaient pas étrangères à ces manœuvres, demanda hautement, par de tumultueux rassemblements, la fermeture des asiles. La diplomatie française intervint pour protéger ses nationaux contre l'animosité croissante du peuple, et le gouvernement crut faire assez, pour sauvegarder tous les intérêts, de retirer par un décret (3 septembre 1858) l'enseignement aux sœurs et de les garantir contre l'expulsion. L'affaire paraissait apaisée quand une difficulté nouvelle éclata : sommés de reconnaître la juridiction ecclésiastique portugaise et de s'adresser en toutes matières à l'évêque diocésain, les sœurs et les Lazaristes refusèrent, sous prétexte qu'ils ne pouvaient obéir qu'à leur supérieur français. C'était une rébellion manifeste. L'animosité de la nation se réveilla plus vive : les Chambres s'émurent, et c'est alors que le ministère fut reconstitué comme il suit (21 février). Le marquis de Loulé et le vicomte Sada Bandeira restèrent seuls dans la combinaison nouvelle, l'un comme président du conseil, l'autre comme ministre de la guerre. M. Antonio-Jose d'Avila fut remplacé aux finances par M. Thomas Lobo d'Avila.

Les autres membres furent MM. Jose Braamcamp à l'intérieur ou *reino*, Gaspar Pereira da Silva à la justice, Jose da Silva Mendès Leal à la marine, et Villozo de Hortega aux travaux publics. Ces divers ministres, hommes de talent et d'expérience, étaient tous députés de la majorité, et cinq d'entre eux faisaient même partie de l'ancien cabinet.

Le ministère résolut d'en finir avec cette question, sans cesse agitée, des sœurs de Saint-Vincent de Paul. A cet effet, il présenta, en mars 1862, une loi prohibant l'existence des communautés et congrégations introduites dans le pays depuis les décrets de 1833 et 1834, qui prononçaient la dissolution des corporations religieuses et étrangères ; interdisaient aux individus, appartenant à ces communautés, l'enseignement dans les établissements publics ou particuliers, le service hospitalier et de bienfaisance dans les maisons pies dépendant de l'Etat, des municipalités ou des paroisses ; et autorisaient enfin le gouvernement à pourvoir à l'instruction de l'enfance dans les établissements de bienfaisance.

Ce dernier décret atteignit le but et calma l'effervescence populaire. Toutefois, le cabinet s'était préalablement adressé au gouvernement français, pour lui exposer ses embarras et les difficultés que lui créait cette question, les exigences de l'opinion, et la nécessité où il se trouvait d'exécuter les lois du royaume. Le gouvernement français répondit à cette note en envoyant un navire pour recueillir les sœurs et leurs aumôniers.

En fait, le cabinet de Lisbonne était fondé à veiller strictement à l'exécution des lois nationales qui régissent l'existence des corporations religieuses, et à se tenir en garde contre l'immixtion d'une autorité étrangère. Cet incident n'eut pas d'autre suite ; mais il constitua l'une des principales préoccupations du pays pendant plusieurs années.

Du reste, cette préoccupation avait toujours tenu bien moins à l'antipathie pour quelques pauvres religieuses qu'à la crainte de voir reparaître les ordres monastiques et les couvents depuis longtemps supprimés. Une fois cette mesure accomplie, le calme se fit partout dans le pays ; car il n'y avait guère à l'ordre du jour, dans les régions politiques, que des intérêts économiques, tels que la révision des tarifs de douane et de toutes branches d'impôts, la réorganisation du service sanitaire, pour lesquelles le ministère soumit divers projets aux Chambres, à la reprise de leur session (24 avril).

Quant aux affaires extérieures, d'habitude peu nombreuses, il importe de signaler, comme très caractéristique, l'attitude prise par le Portugal vis-à-vis des révolutions d'Italie.

III

MARIAGE DU ROI DOM LUIZ

Le Portugal avait été l'un des premiers à applaudir à l'indépendance italienne, en reconnaissant officiellement le nouveau royaume ; bientôt il devait resserrer le faisceau de la famille latine par le mariage du roi Dom Luiz Ier avec la princesse Maria-Pia de Savoie, fille de Victor-Emmanuel. Le ministre portugais annonça, le 13 juillet, la nouvelle des fiançailles royales, qui fut accueillie avec une vive sympathie dans les deux pays, et les Chambres portugaises votèrent une dotation pour la future reine.

Dans cette alliance, « qui date du berceau de la monarchie portugaise, » on crut voir une haute signification politique, « le second anneau de cette grande chaîne du monde latin ressuscité, » dont l'Italie, berceau des sciences, des arts et du génie moderne, et la France, fidèle amie de la révolution, forment le premier chaînon.

« Instruites par l'exemple des familles de Bourbon et de Hapsbourg, disait un écrivain, les maisons de Bragance et de Savoie ne peuvent suivre d'autre route que celle tracée par les idées modernes. Elles sont jeunes, elles ont la force de la jeunesse. A une époque où toutes les races royales contemplent avec effroi la marche du progrès, elles le regardent d'un œil ferme, sans crainte puérile, comme sans confiance aveugle ; elles préparent, lentement peut-être, mais d'une manière sûre, leurs voies et leurs moyens, s'appuyant sur le système représentatif, le seul possible dans un siècle de luttes et de conquêtes morales. Elles comprennent qu'un grand rôle leur est réservé, soit dans la marche progressive du monde, soit dans le rétablissement du grand élément latin.

« Le latinisme, source du mouvement civilisateur moderne, maître de la théologie du moyen âge et de la renaissance ; origine de l'école philosophique du dix-septième et du dix-huitième siècles, a fait sentir partout, même chez les peuples envahisseurs, son influence bienfaisante et lumineuse.

« Mais les pays où cette influence a été la plus profonde, où elle se retrouve dans les mœurs locales comme dans les caractères individuels, sont, sans contredit, la France, l'Italie et la Péninsule ibérique. C'est là, surtout, que la civilisation romaine a laissé ses traces les plus ineffaçables. C'est dans ces contrées que l'éducation a pour base l'esprit d'examen et la foi qui vivifie les âmes. L'Italie, elle, n'a eu qu'à conserver, malgré les orages et la marche du temps, une flamme éternelle comme celle du foyer de Vesta, éclairant çà et là les pages de son histoire.

« La France, fille aînée, je ne dis pas seulement de l'Eglise, mais de l'Italie, s'est assimilé le génie latin, grâce aux souvenirs laissés par Jules César dans les Gaules ; les barbares, venus pour étouffer cette étincelle, en ont été embrasés. Chassés, à leur tour, par d'autres hordes qui, elles aussi, se sont réchauffées à ce foyer immense, ils ont traversé les Pyrénées pour aller rejoindre en Ibérie les nations avec lesquelles ils se sentaient une sorte d'affinité.

« Le mouvement latin, suivant aussi les rivages de la Méditerranée, a enclavé ce grand lac dans un cercle non interrompu de terres romaines et en a fait une mer exclusivement latine.

« Aussi, les yeux de l'Europe entière sont-ils fixés sur ce monde qui se renouvelle progressivement et qui, adoptant sans arrière-pensée les idées modernes, remplace la décrépitude par une nouvelle jeunesse, plus brillante, plus vigoureuse que la première.

« L'Italie acquit, pas à pas, ville à ville, son unité. La France, grâce aux annexions successives qui ont agrandi son territoire, grâce surtout aux immortels principes de 1789, s'est constituée depuis longtemps.

« Il ne reste plus désormais à se former que l'*unite ibérique*. »

C'est en 1862 que M. le vicomte Mary de Tresserve écrivait ces lignes. Depuis lors, les événements ont dû modifier ses idées. L'Italie, maîtresse de Rome, où le pape ne règne plus qu'au Vatican, en dépit du dogme de l'infaillibilité, pourrait bien subir, dans un temps prochain, le contre-coup de la révolution française. L'Espagne attend le moment favorable pour faire définitivement son choix entre la monarchie et la république. La France soutient seule héroïquement tout l'effort de la lutte gigantesque que l'Allemagne a engagée contre les races latines. Le Portugal n'échappera évidemment à l'orage qui gronde sur l'Europe qu'en se renfermant plus que jamais dans son autonomie ; qu'en repoussant énergiquement, en un mot, l'idée de l'unité ibérique, malgré la communauté de son origine avec l'Espagne. Rameau vigoureux, détaché de la Péninsule hispanique par Alphonse Ier, fils d'Henri, comte de Portugal, le peuple qui s'est illustré par ses découvertes maritimes, — notamment celles de Madère, du cap Vert, des Açores, du Pingo, du cap de Bonne-Espérance, de la côte orientale de l'Afrique, du Brésil ; — le peuple qui, en faisant don des Indes à l'Europe, a ainsi ouvert une nouvelle vie au génie européen et donné la clef de tout un monde commercial ; le peuple dont les conquêtes ont porté haut le flambeau de la civilisation ; le peuple, disons-nous, qui s'enorgueillit à bon droit de ses marins, Vasco de Gama, Alphonse d'Albuquerque et Magellan, et de son grand poète Camoëns, ne consentira jamais, sous la fière maison de Bragance, à se laisser absorber, simple satellite, dans les rayons éblouissants de l'astre espagnol.

L'Espagne et le Portugal, peuples frères, mais frères ennemis à de nombreux égards, ne se sentent attirés l'un vers l'autre par aucune attraction. Tout les porte au contraire à ne pas confondre leurs intérêts. Chacune de ces deux nations a une langue distincte, une littérature remarquable, une histoire rivale, dont elle est fière ; ni l'une ni l'autre n'abdiquerait son passé et ne consentirait à s'éteindre dans un avenir commun. Dom Fernando et son fils, Dom Luiz, devaient si bien le comprendre qu'ils se montrèrent peu dociles à l'idée d'une annexion, même au prix de la couronne d'Espagne. L'amour d'un peuple est chose trop rare à notre époque pour qu'on y porte atteinte, même par la pensée. Or, le roi de Portugal aime son peuple, il s'en sait aimé. Il préférera donc toujours à tous les trônes hypothétiques de Madrid sa royauté paternelle et libérale de Lisbonne. « La famille de Bragance, dit l'écrivain déjà cité, aura assez d'énergie morale et de patience pour conquérir la place qu'elle doit occuper parmi les familles appelées à être de vraies têtes de nation. Elle a contracté avec l'Italie une alliance qui relie par le même principe deux points éloignés du monde latin ; elle n'a plus qu'à prendre exemple sur la maison de Savoie pour apprendre comment on triomphe de tous les obstacles en marchant haut et ferme dans sa voie et en créant son droit à de hautes destinées par la conquête des sympathies de tous les hommes intelligents, et par la propagation des grandes idées qui distinguent notre époque. » C'est, en effet, là le rôle du Portugal, comme nation indépendante. Que Dom Luiz Ier de Bragance s'appuie sur le peuple, la tâche est facile pour lui ; sans fatigue comme sans grands obstacles, il arrivera tout naturellement à son but : le développement gradué des institutions libérales, sans annexion du sol à la Péninsule hispanique. L'impulsion est donnée désormais. Quels que soient les hommes qui passent aux affaires, ni le Porgugal ni son gouvernement ne peuvent reculer dans la voie qui s'est ouverte devant eux. Les révolutions continuelles du règne précédent, le choc et l'antagonisme des partis, n'ont fait qu'affirmer de nouveau l'esprit profondément monarchique de la nation et son attachement à la dynastie.

Cependant, le calme, un moment troublé par l'incident des Lazaristes, avait reparu. La confiance s'affermissait. On n'avait qu'un désir, celui de voir la dynastie de Bragance assurée par le mariage du jeune roi, et cette pensée se réalisait de la façon la plus propre à rehausser le nouveau règne. Car ce mariage n'était pas seulement l'union de deux jeunes princes, c'était l'expression d'une alliance politique aussi favorable à l'Italie qu'au Portugal. La même idée se faisait jour dans les deux parlements de Turin et de Lisbonne. Le président du conseil, marquis de Loulé, titré duc à cette occasion, se rendit à Turin pour remplir toutes les formalités; et, après la célébration du mariage (27 septembre), la princesse Maria-Pia, reine de Portugal, fut amenée par une escadrille à Lisbonne, où elle fut reçue au milieu des plus vives démonstrations. La jeune reine avait quinze ans, le roi en avait vingt-quatre; tout concourait, dans cette union, à satisfaire les intérêts politiques auxquels elle répondait. Ce furent donc de grandes fêtes à Lisbonne et dans toutes les villes du royaume, comme elles avaient eu lieu en Italie. Elles furent éclatantes de splendeur; aucun nuage ne troubla la sérénité de cet horizon éblouissant de soleil et de joie. L'aimable et noble fille de Victor-

Emmanuel était sincèrement la bien-venue sur la terre portugaise, et son royal époux s'attira doublement les bénédictions de son peuple, en amnistiant tous les crimes politiques.

IV

RÉFORMES ÉCONOMIQUES

La clémence est une vertu facile aux souverains, et elle leur serait toujours chère, nous aimons à le croire, si parfois, le lendemain du jour où ils en ont usé, quelques hommes égarés ne semblaient prendre à tâche de les en faire repentir. Le bruit des derniers éclats de la joie publique s'éteignait à peine qu'une échauffourée militaire, sans cause comme sans but, de la garnison de Braga, vint étonner le pays, encore sous le charme des derniers enchantements. Les officiers, il est vrai, n'y prirent aucune part. Malheureusement l'un d'eux, le major Vasconcellos, en voulant ramener les mutins à l'obéissance, y perdit la vie. Une proclamation du roi, toute pleine de mansuétude, suffit pour arrêter cette mutinerie qui ne répondait à rien dans le pays. Les rebelles se soumirent et furent pardonnés.

Le discours d'ouverture des Cortès générales (4 novembre), lu par le duc de Loulé, qualifia cette révolte militaire « de déplorable égarement, » sans en indiquer les tendances. Il mentionnait en même temps la répression d'un exécrable attentat dirigé contre les mines de Braçal par l'ignorance et des préjugés absurdes qui avaient armé des populations crédules. » En constatant la cessation de ces désordres, auxquels la politique était étrangère, le ministre annonçait « la réalisation d'un emprunt destiné à assurer le paiement des travaux entrepris pour l'amélioration des communications ; la continuation des travaux de construction des routes et des chemins de fer dans une section importante ; l'ouverture de la ligne de Santarem à Abrantès, et d'un autre chemin sur la ligne du Nord.

« Les ministres de Sa Majesté, terminait le président du Conseil, soumettront à votre examen éclairé, entre autres dispositions importantes, les projets de crédit hypothécaire, de réforme administrative et d'instruction publique, d'organisation de la police dans tout le royaume, ceux relatifs aux céréales et vins, ceux concernant la consolidation du crédit, l'amélioration de la perception des impôts et le perfectionnement du système des contributions, et enfin ceux relatifs à l'armée, à la marine et aux colonies.

« Sa Majesté attend de votre zèle et de votre dévouement éprouvé, avec le secours de la divine Providence, l'énergique et patriotique sollicitude que les besoins publics exigent de tous ; le vœu le plus ardent de son cœur royal étant le développement, la prospérité et la gloire d'une nation si digne d'être heureuse. »

Après avoir prorogé les Cortès générales au 22 janvier 1863, par décret du 5 novembre, et rétabli l'ordre de

Saint-Jacques-de-l'Epée (1), resté dans l'oubli depuis l'avénement du gouvernement constitutionnel, le roi s'embarqua avec la reine pour Gibraltar. Ce furent les derniers actes émanés de l'initiative royale pendant l'année 1862, au bilan de laquelle il faut ajouter plusieurs mesures utiles aux intérêts commerciaux, telles que : « 1° un décret du 6 mars, contenant cinq dispositions ayant pour effet d'encourager la culture du coton dans les provinces d'Angola et de Mozambique ; — 2° un autre décret du 20 août, autorisant la libre entrée en Portugal des blés et des farines de l'étranger; — 3° des instructions du 23 août, prescrivant aux capi-

(1) C'est un des ordres les plus anciens du Portugal. Il y fut importé de Castille, où il était déjà florissant à la fin du douzième siècle, sous le règne d'Alphonse Ier. Mais ce fut seulement cent cinquante ans plus tard que les chevaliers de Saint-Jacques portugais purent arriver à former un ordre à part. Le roi Denis, après une longue lutte avec les grands maîtres castillans et les papes, qui soutenaient les prétentions de ces derniers, parvint à obtenir, en 1320, du pape Jean XXII, une bulle qui autorisait ses sujets de l'ordre de *San Thiago* à ne plus se soumettre à l'autorité du chapitre de Castille et à élire un grand maître.

Cet ordre qui, comme ceux de San Bento d'Aviz et du Christ, avait été créé dans un but spécialement religieux et militaire, et dont les chevaliers avaient aussi beaucoup contribué à l'expulsion des infidèles, fut réformé en 1789 et affecté au mérite civil.

C'est dans ce même esprit qu'il vient d'être réorganisé, mais avec un but encore plus spécial. Il sera uniquement consacré à récompenser les services rendus dans les sciences, les lettres et les arts, et s'appellera « ordre de Saint-Jacques du mérite scientifique, littéraire et artistique. » D'après les statuts de l'ordre, les insignes en seront toujours remis par le grand maître, c'est-à-dire par le roi, en séance solennelle du chapitre. Le nombre des dignitaires dans chacun des grades est limité. Deux grands cordons et une certaine quantité de croix de commandeurs, d'officiers et de chevaliers sont réservés aux étrangers.

taines de navires d'avoir, à l'avenir, à faire légaliser leurs papiers de bord par des agents consulaires portugais, ou, à leur défaut, par les autorités locales; — 4° une loi du 5 septembre, par laquelle tous les navires employés à la pêche de la baleine étaient exempts, pendant six ans, de tous les droits auxquels ils avaient été soumis jusqu'alors; — 5° une loi du 7 septembre, exemptant également des droits d'entrée les machines, outils et mécaniques en fer, ainsi que les voitures, charrettes et ustensiles déjà entrés, ou qui entreraient à l'avenir dans la douane de la ville de Ponta-d'Algada; — 6° un décret du 4 novembre autorisant la compagnie du chemin de fer de l'Est à livrer au public une nouvelle section de cette ligne, comprise entre Santarem et Abrantès. L'étendue de cette nouvelle section était de soixante kilomètres, ce qui portait la totalité de la ligne de l'Est en exploitation à cent trente-neuf kilomètres.

Enfin, un décret du 10 décembre, daté du palais d'Ajuda, nommait vingt-quatre nouveaux membres de la Chambre des pairs.

Le commencement de l'année 1863 fut marqué par la promulgation d'une ordonnance royale concernant le régime d'entrée des animaux de l'espèce bovine expédiés des Açores à Lisbonne (16 janvier), et par la reprise des travaux des Cortès générales (22 janvier). L'adresse des deux Chambres, empreinte des sentiments de l'affection nationale pour les jeunes souverains, constata « l'apaisement des désordres sur quelques points du royaume, et la prospérité du crédit du pays. » Parmi les questions qui occupèrent tout d'abord le Parlement, la question religieuse revint, l'une des premières, à l'ordre du jour. Elle jouait, depuis quelques années, un grand rôle dans la politique du Portugal. Seulement, il ne s'agissait plus, cette fois, des sœurs de charité étrangères, mais bien de l'organisation même du clergé, des rapports du pouvoir religieux et du pouvoir civil, des droits de patronner exercés par la couronne portugaise et toujours contestés ou diminués par le Saint-Siége. Il importe de dire que le Portugal est, aujourd'hui, l'un des pays de l'Europe où l'État du clergé a subi les transformations les plus radicales et les plus profondes. Les ordres religieux d'hommes, nous le répétons, y sont supprimés. Il ne reste que le clergé séculier, et ce clergé lui-même, en dehors de ce qui touche à son ministère spirituel, est placé à peu près entièrement dans le droit commun. Il vit de la vie de tous, il se mêle à tout, à la politique, et quelquefois aux travaux publics ; il porte à peine un habit distinct. Les jeunes gens qui se destinent au sacerdoce font presque toutes leurs études et prennent leurs grades à l'université commune, à Coïmbre, mêlés à tous les étudiants. Un décret du 21 janvier 1862 soumit à un concours, qui pouvait être présidé par des laïques, la nomination des curés de paroisse, réduisant par le fait l'autorité épiscopale à un rôle très restreint, à la consécration purement spirituelle. A la suite d'un vote de la Chambre des pairs, ce décret, qui avait causé quelque sensation, continua de rester en vigueur, malgré l'opposition de l'évêque de Porto.

Deux grandes mesures, — la suppression des passeports et l'abolition de la peine de mort, — furent votées à la suite des débats sur l'organisation du clergé. La dernière surgit bien inopinément de la discution générale du budget (juin). Entre autres économies demandées, M. de Gouveia avait proposé de retrancher le traitement du bourreau. De là à l'abolition de la peine capitale il n'y avait qu'un pas. La motion fut saisie et chaleureusement appuyée par les hommes de toutes les opinions. Renvoyée, séance tenante, au comité de législation, celui-ci, peu après, présentait un projet fort simple, conçu en ces termes : « *La peine de mort est abolie.* »

Cette réforme, adoptée à l'unanimité, fut convertie en loi sans discussion. Depuis assez longtemps déjà, la peine de mort n'existait plus en fait, car il y avait bien des années qu'on n'avait vu d'exécution. D'abord, en matière politique, elle avait été formellement supprimée en 1852. Pour les crimes ordinaires eux-mêmes, elle n'avait été que fort rarement appliquée sous le règne de Dona Maria ; elle ne l'avait plus été du tout depuis le règne de Dom Fernando, surtout sous le règne de Dom Pedro V, dont la conscience scrupuleuse et humaine n'aurait pas voulu assumer la responsabilité d'une exécution sanglante ; de telle sorte que les mœurs avaient devancé la loi, et que l'abolition de la peine de mort, proposée à l'occasion du budget, passa naturellement dans le code portugais. C'est là un progrès supérieur à beaucoup d'autres, et qui dénote dans le caractère de ce peuple un grand apaisement, une douceur qui est le fruit de la sécurité, de la tranquillité d'âme. Une telle réforme était bien de nature à donner à la session une valeur exceptionnelle dans l'ordre moral et politique, et à l'honorer aussi bien que le nouveau règne.

Cet acte immense ne fut pas le seul qui marqua la session de 1863. Il fut suivi de l'abolition des majorats. C'était, en d'autres termes, l'affranchissement du sol par la disparition des derniers vestiges de la propriété de mainmorte. La révolution de 1833, en sécularisant les ordres religieux et en ordonnant la vente des biens des couvents d'hommes et la suppression de la dîme, était entrée déjà dans cette voie. Une loi du 30 juillet, dont la Chambre des pairs avait pris l'initiative, abolissait définitivement les majorats. Une nouvelle loi du 4 avril 1861, complétant la pensée de 1833, prescrivait la vente aux enchères de tous les biens immeubles appartenant aux couvents de religieuses, aux chapitres et aux évêchés. Enfin, la loi présentée au commencement de 1863 et adoptée le 1er mai, venait faire disparaître complètement, et sous toutes les formes, la propriété de mainmorte.

C'est la liberté pleine et entière du sol portugais qui découle de cette décisive réforme économique. C'est, par suite, le développement de la production agricole par l'accroissement de l'impôt foncier, la multiplicité des transactions et des transmissions de propriétés, et bien d'autres améliorations encore. La richesse publique, dans son ensemble, en devait prendre inévitablement un plus large essor, et de frappants exemples ne tardèrent pas à venir confirmer ces prévisions.

Evidemment, toute une révolution économique était en voie de se réaliser peu à peu, non-seulement par cette transformation de la propriété foncière et cet affranchissement de la terre, mais aussi par tous les efforts que faisait le gouvernement pour faire passer des principes nouveaux dans la constitution matérielle du pays et dans l'administration financière ; pour détruire les monopoles et donner une base à la fois plus rationnelle aux impôts, seule ressource de l'Etat.

De cette transformation graduelle dans la situation économique du Portugal par la destruction des monopoles, par la liberté du travail et des transactions, par le remaniement radical du système d'impôts, il devait nécessairement résulter des facilités nouvelles, des stimulants nouveaux pour le développement de la richesse publique. Depuis dix ans, en effet, les revenus de l'État avaient assez notablement augmenté. La contribution foncière, qui n'était que de 7,500,000 francs en 1853, montait, en 1863, à 10,300,000 francs. Les douanes, qui ne rapportaient que 24 millions, rapportaient alors 43 millions. L'enregistrement avait également doublé et de 1,666,000 francs s'élevait à plus de 3 millions. La contribution industrielle avait doublé aussi ; au lieu de 1,116,000 francs, elle donnait 2,595,000 francs. Au total, on peut évaluer à 40 0/0 l'augmentation des revenus dans cette période de dix ans. Si l'on tient compte que le Portugal est l'un des pays les plus fertiles, les plus favorables à la production, on prévoyait que les ressources de son sol ne pouvaient que se développer largement.

Le budget portugais est inférieur, dans son ensemble, à celui d'autres États qui ne sont pas plus considérables. Ainsi, la Belgique et la Hollande, qui se rapprochent du Portugal par le chiffre de leur population, par l'étendue de leur territoire, paient, la première, 18 millions de contributions ; la seconde, 21 millions, tandis que le Portugal ne paie que 10 millions. La moyenne de l'impôt général par tête, en Portugal, ne dépasse pas 21 francs.

Malgré ce bas chiffre, cet impôt paraissait onéreux à la population portugaise. Cependant, s'il était loin d'être exagéré par rapport à celui des États que nous venons de citer, il semblait mal réparti, parce que les sources du revenu étaient embarrassées de ces monopoles qui existaient naguères. C'est pour simplifier et dégager cette situation, que les ministres successifs des finances, depuis dix ans, MM. Fontès Pereira de Mello, Casal Ribeiro, Antonio José d'Avila, et enfin le ministre d'alors, M. Lobo d'Avila, entreprirent et suivirent tout un travail de réformes économiques et financières qui peut se résumer ainsi : « Abolition des majorats, vente des biens de mainmorte, transformation ou simplification de tout le système fiscal, suppression des monopoles, institution du crédit foncier, réforme hypothécaire, et enfin développement des chemins de fer. »

Toutes ces réformes considérables ne purent s'opérer sans causer quelque perturbation dans les populations éloignées de la capitale, moins familières à l'étude de ces questions ; néanmoins, les impôts se perçurent au bout de quelque temps sans aucune difficulté.

Les voies de fer portugaises, notamment, commençaient à provoquer les vives sollicitudes du gouvernement, en ce qu'elles constituaient un réel stimulant pour l'agriculture, l'industrie intérieure et le commerce, auxquels elles offrent des moyens de communication sûrs et rapides, chose aussi nouvelle en Portugal qu'en Espagne. En 1863, elles se divisaient en deux réseaux : celui du Sud et celui du Nord-Est. — Le *réseau du Sud*, concédé dès 1854 à des capitalistes brésiliens qui durent d'abord construire une ligne de Barreiro (*rive gauche du Tage, en face Lisbonne*) à Vendas Novas et Stetiebal, comprend un parcours de 69 kilomètres. Plus tard, en 1859, une société anglaise prit à sa charge la continuation de cette ligne vers Evora et Beja, centres producteurs de l'Alemtejo, avec un développement de 123 kilomètres, ce qui faisait un total de 192 kilomètres. — Le *réseau du Nord-Est* se compose de la ligne qui se dirige vers l'Espagne et Badajoz, et de celle qui relie Lisbonne à Porto. C'est de beaucoup la plus importante par son développement, qui est de 510 kilomètres, par les contrées qu'il traverse, par les villes qu'il relie.

D'autres chemins : Belem à Cintra, Oporto à Regoa et Paruga, étaient déjà concédés ou à l'étude. L'ensemble de ces chemins de fer comprenait près de 1,200 kilomètres, sur lesquels 700 étaient construits et livrés à la circulation. Si l'on y joint l'établissement de 700 kilomètres de routes ordinaires, qui avaient été concédés à un capitaliste français, M. Langlois, et que, depuis, le gouvernement a repris à sa charge, on pouvait mesurer et entrevoir ce que devait ajouter à la richesse du pays ce développement nouveau des communications intérieures.

Les travaux législatifs, on le voit, avaient été féconds, et la session de 1863 devait rester l'une des plus remarquables du règne. Le discours de clôture en fut l'affirmation chaleureuse :

« En allant dans vos provinces et en rentrant chez vous, dit le roi aux députés, vous pouvez être fiers d'avoir ajouté à l'histoire parlementaire une page mémorable à laquelle justice sera rendue par la postérité. » (30 juin.)

V

VOYAGE DU ROI A PORTO ET A BRAGA

Un fait à remarquer dans l'histoire contemporaine du Portugal, c'est cet esprit libéral qui est dans le cœur du roi Dom Luiz, dans le gouvernement, dans les Chambres ; qui tend à passer complètement dans les mœurs, et qu'on retrouve dans la politique extérieure comme dans la politique intérieure et économique. Toutes les fois qu'il s'élève une question intéressant l'équilibre européen, le Portugal se prononce résolûment dans le sens du libéralisme le plus large. Le premier il a reconnu l'Italie, et a contracté avec elle une alliance intime, consacrée par le mariage du roi. En 1863, il n'a pas non plus été des derniers à s'émouvoir de l'insurrection polonaise, et le président du conseil, duc de Loulé, n'hésita pas à faire entendre au Czar, au nom de son souverain, le langage de la justice et de la conciliation.

« Le gouvernement portugais, dit-il en effet, a l'intention de manifester à la Russie, qu'après l'amnistie la plus large accordée à toutes les personnes compromises dans les derniers événements, il faudra que les droits politiques assurés aux Polonais par les traités de Vienne soient rétablis. » Non-seulement le vote de la Chambre sanctionna ces nobles paroles; mais elles trouvèrent un écho dans le cœur de tous les Portugais. Des manifestations s'organisèrent à Lisbonne; il y eut en faveur des Polonais des représentations théâtrales, honorées de la présence du roi; partout, et sous toutes les formes, éclatèrent, chez cette généreuse nation, ces sentiments de fraternité qui devraient faire de tous les peuples une seule famille.

« Malheureusement, la diplomatie et les protestations des nations amies de la Pologne furent impuissantes à sauver la victime du despotisme moscovite. Le Portugal, du moins, eut la conscience d'avoir rempli dignement un devoir d'humanité, en plaidant, avec la France et l'Angleterre, la cause la plus sainte et la plus juste. C'est sous l'empire de ces honnêtes sentiments que le roi Dom Luiz accueillait, quelques mois plus tard, la proposition d'un Congrès de la paix, adressée à tous les souverains par l'empereur des Français; idée dont on ne peut nier la grandeur, — quelque sévère que soit désormais le jugement réservé par la postérité au règne de Napoléon III, — et qui, si elle se fût réalisée, eût assurément changé les destinées des peuples. « Les Congrès après la guerre, répondait le roi de Portugal à l'Empereur, sont ordinairement la consécration des avantages du plus fort, et les traités qui en dérivent, s'appuyant plutôt sur des faits que sur des droits, créent les situations forcées dont le résultat est ce malaise général qui enfante les protestations violentes et les réclamations armées.

« Un Congrès avant la guerre, dans le but de la prévenir, est, à mon avis, une noble pensée de progrès. Quelle que soit son issue, il restera toujours à la France la gloire d'avoir posé les fondements de ce nouveau principe si hautement philosophique.

« Convaincu, comme je le suis, de l'utilité d'un Congrès international dans cette conjoncture, je ne manquerai pas d'y envoyer mes représentants et de les faire munir des instructions nécessaires. » (18 novembre.)

N'y a-t-il pas, dans ces sages paroles d'un bien jeune souverain, une haute et fière leçon à l'adresse de ces implacables despotes qui préfèrent s'arroger le droit inhumain de faire couler des torrents de sang pour des idées de conquête, que de mériter l'amour des peuples par la mansuétude de leur gouvernement?

Nous le répétons, ce qui apparaît au fond, dans la politique extérieure comme dans la politique intérieure, dans tous les faits qui caractérisent la marche des choses en Portugal, c'est la prédominance d'un sérieux esprit de liberté ; et ce n'est pas la moindre cause de la paix, de la sécurité dont jouit le royaume lusitanien ; paix et sécurité que rien ne saurait troubler désormais dans un pays, où la dynastie de Bragance, profondément identifiée avec le peuple, s'est popularisée en ne marchandant aucun droit, aucun progrès, aucune amélioration. Grâce à cette dynastie, plus aimée que jamais, parce qu'elle est une des plus libérales de l'Europe, le Portugal a conservé l'instrument le plus sûr, le plus efficace de sa régénération par l'accomplissement paisible de toutes les réformes, par le développement de toutes les ressources, par l'impulsion donnée à tous les progrès de l'ordre moral et matériel.

Et cet amour du peuple portugais pour son roi, l'occasion s'offrait bien souvent de lui en donner ou transmettre les témoignages. Il éclata en vifs transports le jour où la naissance d'un fils vint combler les vœux du couple royal (28 septembre). A l'allégresse de la population, aux fêtes de Lisbonne, aux adresses de félicitation de toutes les municipalités, Dom Luiz répondit en consacrant cette date heureuse de son règne par l'amnistie la plus large et la plus complète. Des actions de grâce au Seigneur, qui fécondait son union, — de la clémence pour le repentir des fautes commises par des sujets égarés, c'était agir en chrétien et en roi, et prouver « que le souverain voyait bien, en effet, dans l'affection de tous les Portugais, un gage de prospérité et de consolidation des institutions libérales de nature à resserrer les liens qui unissent la dynastie et la nation; qu'il avait bien confiance que ce berceau, entouré de l'amour du peuple, mériterait les bénédictions de Dieu, et que la divine Providence daignerait exaucer des vœux si ardents faits pour la prospérité de sa famille. » Et la reine n'était pas oubliée dans ce concert de prières et d'affectueux témoignages de sa nouvelle patrie. La joie publique saluait l'anniversaire de sa naissance comme elle avait salué la bienvenue de l'héritier du trône. Les villes s'illuminaient, les maisons se pavoisaient, tous jetaient aux échos les refrains de leurs chants d'allégresse en l'honneur de cette aimable et charmante fille de Victor-Emmanuel, bien Portugaise désormais par le cœur.

Disons aussi tout ce que les deux jeunes souverains recueillirent de preuves touchantes de cette affection populaire pendant leur voyage dans la seconde capitale du royaume, dans la province du Minho, notamment à Braga, où avait lieu alors une exposition agricole. Ces ovations spontanées, où la joie n'a rien d'officiel, sont la meilleure récompense des vertus royales et donnent la mesure du prestige qui entoure encore la monarchie, quand elle a pour base l'honnêteté. Et puis, à défaut des péripéties révolutionnaires, des agitations de la rue, des orages politiques, qui n'assombrissent en aucune façon le ciel de cet horizon, il faut bien nous contenter du récit des calmes incidents d'un règne uniformément heureux, et qui serait presque une idylle royale, sans les petits coups de théâtre des crises ministérielles.

Le voyage du roi avait un double but. D'abord, il y avait à Braga, comme nous l'avons dit, une exposition agricole, dont les lauréats devaient recevoir leurs récompenses des mains du souverain; puis la reine s'était imposé le pieux devoir de faire un pèlerinage au tombeau de son illustre aïeul. En effet, le Portugal est la terre que choisit le roi Charles-Albert, après son abdication, pour y aller mourir en paix; et c'est près de Porto qu'a été élevée, par les soins de la princesse de Montléart, sœur de l'auguste défunt, la chapelle consacrée à la mémoire du vaincu de Novare.

Partis de Lisbonne le 18 novembre, le roi et la reine s'arrêtèrent, le même jour, à Alcobaça, puis, les jours suivants, à Condeixa et à Oliveira de Azemeis, salués partout, sur leur passage, par les plus vives acclamations. Le 21, dans l'après-midi, ils arrivèrent à Porto. A leur descente de voiture, ils furent reçus par la municipalité, des pairs et des grands du royaume, le corps consulaire et la plupart des autorités. Le président de la municipalité, le vicomte de Lagoaça, leur présenta les clefs de la ville et prononça un discours auquel le roi répondit :

« Des mains des honorables représentants de cette municipalité je reçois les clefs de l'invincible et toujours fidèle ville de Porto, pour les rendre aussitôt à qui sut toujours les défendre et garder pendant les jours d'épreuve les plus difficiles.

« Ma satisfaction est grande en venant avec la reine, ma bien-aimée épouse, accomplir la promesse de cette visite, et à la pensée d'aller bientôt, et par la même occasion, couronner les brillants résultats de l'exposition agricole dans la riche et laborieuse province du Minho.

« Je suis profondément touché de la manifestation des sentiments de cette population aussi indépendante dans son patriotisme qu'inébranlable dans son dévouement. La mémoire de ce jour restera gravée dans mon cœur. Les liens d'amour qui unissent réciproquement les Portugais à leurs souverains et le code de leurs libertés, deviendront ainsi chaque jour plus étroits et plus forts.

« L'amour inaltérable de mon peuple nous a suivis,

moi et les miens, pendant les heures les plus douloureuses de même qu'aux jours les plus heureux.

« Il m'est doux de rappeler ici cette affection, et je rends grâce à la Providence qui, parmi tant de priviléges qu'elle m'a conférés, me confie cette double et inappréciable obligation de maintenir les sages et prévoyantes institutions, l'œuvre de mon grand et illustre aïeul, et de recueillir l'héritage de ses hauts faits, de ses vertus civiques, de ceux aussi de ma vertueuse mère et de mon frère, de si sympathique et regrettable mémoire.

« En entrant, comme mes augustes prédécesseurs, dans cette héroïque cité, illustrée par tant d'anciens exploits et de patriotiques sacrifices dont le souvenir n'est pas éloigné de nous, je ne puis oublier que son nom est à jamais inséparable de celui des deux soldats couronnés qui se couvrirent de gloire en préparant la liberté de deux peuples, alliés depuis si longtemps et frères aujourd'hui, et je me réjouis de rappeler que du milieu des trophées guerriers surgissent ici les palmes pacifiques, mais non moins précieuses, de l'industrie.

« Le roi D. Pedro V se nommait l'ami de ceux qui travaillent. Héritier de son souvenir et des regrets qu'il inspire encore, je le suis aussi de ce bien noble titre, car je le tiens pour glorieux, comme étant celui qui, de nos jours, résume le mieux en lui-même le devoir des rois, les obligations des sociétés, le fondement de la civilisation.

« Je suis extrêmement sensible aux preuves de publique sympathie que j'ai reçues et à celles que me donne la municipalité de Porto, preuves d'autant plus touchantes qu'elles sont spontanées, et d'autant plus agréables à mon cœur qu'elles comprennent ce que j'ai de plus cher au monde, mon auguste père, mon très aimé frère, l'épouse que le ciel m'a donnée pour la joie de ma maison, et le fils dont Dieu a béni mon union. »

Après ce discours, le cortége, composé de plus de soixante voitures et équipages, traversa, au milieu d'une foule compacte, les principales rues de la ville, pour se rendre au *Te Deum* qui fut chanté, suivant l'usage, à l'église de Notre-Dame de Lapa. Le soir, il y eut au théâtre de Saint-Jean représentation de gala où Leurs Majestés furent chaleureusement acclamées. Le lendemain, les souverains poursuivirent leur voyage. Dans la matinée du 24, le roi réunit à sa table les quatre-vingts et quelques survivants de ce régiment des volontaires de la reine qui, parti avec Dom Pedro de l'île de Terceira, en juin 1832, vint débarquer sur la plage de Mindello, près de Porto, pour commencer la campagne qui amena la chute de Dom Miguel. Avant de congédier ces vétérans, Sa Majesté remit à leur colonel sa propre plaque de la Tour et de l'Epée. Partis le 25 pour Braga, les augustes voyageurs visitèrent l'exposition en détail, examinèrent tout par eux-mêmes, témoignant, là où il le fallait, de leur intérêt à la prospérité du pays ou du soin de laisser après eux le souvenir de leur royale bienfaisance dans les établissements de charité publique. Quoique le caractère de l'exposition fût spécialement agricole, l'industrie y était représentée par des articles de serrurerie et de coutellerie de Guimaraës, et par les faïences et poteries de Villa-Verde. Des produits des diverses cultures y figuraient en grand nombre, et offraient, pour la plupart, de bons échantillons. On y remarquait la première charrue Dombasle qui ait paru et fonctionné dans le pays. Les animaux utiles étaient représentés, tant par les espèces indigènes que par les sujets étrangers importés en Portugal. Les résultats de cette exposition attestaient hautement les progrès de l'agriculture portugaise.

De retour à Porto, le 29 novembre, le couple royal se montra partout à peu près où il y avait à voir avec fruit, aux prisons, aux hospices, aux asiles et dans les principaux établissements industriels. La dernière visite était réservée à la chapelle érigée à la mémoire du roi Charles-Albert et à la maison de campagne où le prince expira. Pour accomplir ce devoir, le roi, la reine et leur suite avaient revêtu des habits de deuil.

Des fêtes splendides occupèrent presque toutes les soirées. Il est plus d'une capitale où il serait difficile de voir autant d'éclat et de luxe que dans cette opulente cité de Porto. Le 4 décembre, après la réception de congé, où se faisait remarquer tout ce qu'il y a de plus considérable dans la ville et dans la province, Dom Luiz et Maria-Pia reprirent la route de Lisbonne, escortés d'une foule immense, heureux et fiers assurément des franches manifestations de l'amour de leurs sujets.

VI

ÉLECTIONS GÉNÉRALES ET CRISES MINISTÉRIELLES

En 1864, le roi Dom Luiz entrait dans la troisième année de son règne, et, pour la troisième fois, avait à inaugurer les travaux législatifs de la session. Dans le discours d'ouverture (2 janvier), où les souverains résument d'habitude la situation générale des affaires, on retrouve les heureuses impressions de son voyage à Porto et à Braga. Quelques passages de ce document suppléeront à certaines lacunes de notre récit. Après avoir rappelé « les joies que la naissance du prince royal Dom Carlos (1) avait occasionnées chez lui et dans le pays, dans sa

(1) Le 12 février 1864, les deux Chambres se réunirent en séance solennelle dans la salle de la Chambre des députés, pour procéder à la reconnaissance du prince royal Dom Carlos, conformément à la loi récemment promulguée. L'assemblée était présidée par le comte de Castro, vice-président de la Chambre des pairs. Les pairs et les députés assistaient en grand nombre à cette réunion. Les pairs étaient en grande tenue. Il fut donné lecture des actes de naissance et de baptême du prince royal. Ensuite le président demanda aux Chambres si elles reconnaissaient le prince Carlos, premier né du roi Dom Luiz Ier et de la reine Marie-Pie de Savoie, en qualité d'héritier du trône? Les pairs et les députés répondirent, l'appel nominal ayant été fait; chacun dit : « Je reconnais. » Le bureau de la présidence dressa l'acte de reconnaissance, qui fut signé par tous les membres des deux Chambres. Ensuite, le président proclama que les Chambres avaient reconnu le prince Dom Carlos comme héritier de la couronne de ces royaumes, et il nomma une grande députation chargée de porter l'acte solennel à la connaissance de S. M. le roi.

famille d'homme et dans sa famille de roi, » Dom Luiz disait :

« Pendant ma récente excursion dans une partie des provinces du nord, j'ai été accueilli partout, ainsi que la reine, ma très aimée épouse, par les témoignages les plus affectueux, qui m'ont rempli l'âme de satisfaction et m'ont fait sentir que je dois mettre un zèle continuel à mériter des sentiments si loyaux. Je prie Dieu à cet effet, et avec confiance, pour que la suprême sagesse m'inspire et que la suprême force m'encourage dans la sphère de mes devoirs en qualité de roi constitutionnel. »

Il rappelait ensuite l'idée « du congrès européen destiné à prévenir la guerre, » qu'il avait acceptée sans hésiter, « certain que, si le droit de la force peut convenir aux nations qui dominent, la force du droit convient aux nations qui sont inférieures en puissance. » Puis il s'exprimait ainsi sur l'état des affaires intérieures :

« Les travaux nécessaires à l'avancement des voies ferrées entrepris au nord et au sud continuent avec activité et persévérance, et leur achèvement sera prochain.

« Pour réaliser ces travaux, avancer les routes, augmenter les constructions navales, activer d'autres travaux d'une incontestable utilité publique ; enfin, pour satisfaire à des charges si lourdes, quoique productives, il a été contracté à la Bourse de Londres un emprunt de 2,500,000 livres sterling, dans des conditions plus avantageuses que quelques autres opérations du même genre. De telles conditions prouvent l'amélioration de notre crédit.

« La comptabilité générale de l'Etat a été régularisée ainsi qu'il était nécessaire pour rendre possible la gérance financière du gouvernement, ce qui contribuera certainement à consolider notre crédit.

« Toute la législation relative à la vente des biens a été organisée.

« L'organisation de l'armée a été décrétée, ainsi que l'administration des finances militaires et établissements d'instruction qui dépendent du ministère de la guerre.

« L'inauguration des travaux pour les fortifications de Lisbonne a eu lieu le 30 décembre dernier, à Terra de Mausanto.

« Le registre criminel a été organisé dans toutes les provinces d'outre-mer; le registre paroissial a été établi, et à Angola le service de la perception et de l'administration des biens des défunts et des absents a été réformé.

« Les travaux de la commission nommée pour revoir le projet du règlement général de la loi hypothécaire continuent et demandent nécessairement beaucoup d'étude et de temps.

« Mon gouvernement vous présentera le budget des recettes et des dépenses de l'Etat, avec les innovations conseillées par l'expérience et avec la division des recettes et dépenses ordinaires et extraordinaires. Aucune autorisation de lever des fonds ne sera laissée indéfinie, et on soumettra au vote du parlement la fixation des recettes et des dépenses de tout genre. Nonobstant l'augmentation des appointements des employés, la recette ordinaire couvre les dépenses, ce qui prouve une amélioration considérable dans les conditions financières du pays.

« Le budget des provinces d'outre-mer sera organisé autant que possible sur le même système et d'après les mêmes principes.

« Outre les graves sujets restés pendants après la dernière session, les questions relatives à l'instruction publique, à l'administration et à la police attireront votre sollicitude, et vous les traiterez avec zèle, de concert avec les ministres des divers départements.

« D'autres mesures importantes vous seront soumises, telles que l'abolition de la peine de mort, des modifications du code pénal, la réforme du code de commerce, l'abolition du monopole du tabac, l'établissement de la liberté de fabrication dans le royaume, la liberté de la culture dans les Açores et à Madère, l'amélioration de l'organisation sanitaire et de l'assistance publique, la réforme de la législation des mines, la réduction du tarif télégraphique, la modification du recrutement maritime, et plusieurs autres réformes de diverses natures.

« Le gouvernement vous dira l'usage qu'il a fait des diverses autorisations qu'il a reçues de vous, et soumettra à votre approbation les décrets relatifs à l'outre-mer expédiés en vertu de l'acte additionnel.

« J'ai l'espoir qu'après l'examen des graves questions d'économie et d'administration qu'il importe d'étudier et de décider, vous ne ménagerez, avec l'aide divine, ni vos soins, ni votre patriotisme pour l'honneur de la nation, le salut des institutions, le bien et l'agrandissement de la patrie, pour la gloire et la prospérité de ce peuple si digne de notre sollicitude. »

Le programme, — tracé par le discours de la couronne, — nous dispense, comme on le voit, de raconter les débats de la session de 1864, qui devait clôturer la législature. Aucun événement bien saillant ne marque cette année, — si ce n'est, d'une part, l'inauguration de deux chemins de fer : — celui de Beja (14 février) et celui d'Evora dans la direction d'Estremoz, et de Beja dans la direction de Guadiana et d'Algarve (10 septembre); — puis, d'autre part, les élections générales qui s'accomplirent avec un calme parfait, malgré les crises ministérielles très fréquentes, d'ailleurs, en Portugal. Le système de bascule, dont on eut le spectacle pendant le règne de Louis-Philippe, y est en plein vigueur. C'est là le défaut, ou, si l'on veut, l'avantage du régime parlementaire. A Lisbonne, il faut un gouvernement assez fort, assez hardi pour diriger l'opinion sans la violenter; pour procéder à toutes les réformes intérieures qui restent à réaliser, sans rien précipiter. Au commencement de 1864, le pouvoir était aux mains d'un ministère bien des fois remanié, mais qui conservait encore une sorte d'identité en se personnifiant toujours dans le même chef, le duc de Loulé. C'était un cabinet, — nous ne dirons pas libéral, puisque le libéralisme caractérise essentiellement la politique portugaise; mais procédant, par son origine, par ses tendances, de l'ancien parti progressiste, et ayant devant lui une opposition assez forte, composée de ce groupe d'hommes distingués qui forment ce qu'on appelle en Portugal « le *parti régénérateur.* » L'année était à peine commencée que la dislocation se mit dans le ministère. Un des principaux membres du cabinet, M. Braamcamp, se retira. Alors, le président du conseil lui-même, le duc de Loulé, qui, depuis son entrée au pouvoir, est la providence des portefeuilles sans titulaire, prit le ministère de l'intérieur, et on appela au ministère des travaux publics un député, M. Chrisostomo de Abreu-Souza. Pour l'instant, le changement n'alla pas plus loin. La force du cabinet était tout entière, à vrai dire, dans le duc de Loulé et le ministre des finances, M. Lobo de Avila. C'était justement sur des questions de finances que portait depuis quelque temps l'opposition la plus vive; et l'une de ces questions, « l'abolition du monopole du tabac, » était, dans les Chambres, l'objet de discussions animées. Ce n'est pas que tout le monde ne fût d'accord sur le principe de la suppression d'un monopole plein de restrictions vexatoires pour le public et d'entraves pour le développement de la richesse du pays : sur ce point, il n'y avait aucun dissentiment; seulement, on s'attaquait à la forme, aux combinaisons présentées par le ministre des finances. Les orateurs principaux du parti de la *régénération*, MM. Casal Ribeiro, Fontès Pereira de Mello, démontraient, non sans une certaine apparence de raison, que les combinaisons ministérielles faisaient perdre au gouvernement, dans les premières années, les bénéfices de cette réforme économique. Au total cependant, comme les bons effets de la mesure l'emportaient sur les inconvénients de détail, elle fut adoptée dans la Chambre des députés à une majorité de 76 voix contre 53. Ainsi le ministère triomphait.

On touchait justement, — répétons-le, — à une de ces périodes où partis et gouvernement n'avaient qu'à gagner un peu de temps pour se mesurer sur un autre terrain, — le terrain électoral. On approchait du renouvellement de la Chambre. Au mois de juin, la session législative finissait, et le roi lui-même, dans son discours de clôture des Chambres, annonça la prochaine ouverture du scrutin. Le 4 août, un décret royal fixa les élections au 11 septembre, et, le jour fixé, le pays élut une Chambre nouvelle.

A n'observer que les apparences, le résultat général fut favorable au gouvernement. Tous les ministres, qui ne siégeaient pas à la Chambre des pairs, furent élus, et quelques-uns d'entre eux dans plusieurs districts. A Lisbonne, les candidats ministériels l'emportèrent dans six collèges sur sept, et pour le septième il y eut ballottage. L'opposition ne compta pas plus de trente à quarante élus. Au fond, les élections ne changeaient pas d'une façon notable la situation. Le ministère avait sa faiblesse en lui-même, la faiblesse de tous les pouvoirs qui agissent peu, qui ont peu d'initiative. Il maintenait son renom libéral sans doute ; il refusait la sanction royale à l'Encyclique du pape, publiée à cette époque (8 décembre), et prenait vis-à-vis de cet acte pontifical à peu près l'attitude de la France. En somme, il vivait moins par ce qu'il faisait que par l'autorité de son chef, le duc de Loulé, personnage aimé et estimé. Il n'y avait pas là de quoi désarmer l'opposition, et cette situation ambiguë se dessina dès l'ouverture des Chambres, qui eut lieu le 2 janvier 1865.

Le discours de la couronne donna, suivant l'usage, le bilan des événements de l'année révolue ; nous le reproduisons en partie, comme un excellent chapitre d'histoire.

« En l'année 1863, dit le roi aux Cortès, un dissentiment s'étant élevé entre le Brésil et la Grande-Bretagne, dissentiment qui a amené la rupture des relations politiques des deux pays, mû par le vif désir de voir se terminer d'une manière satisfaisante ce conflit entre deux nations avec lesquelles nous sommes si intimement liés, j'ai offert ma médiation qui a été acceptée par les deux cours; et mon ministre à Londres, ayant été chargé de cette négociation, n'a rien négligé pour obtenir un résultat favorable, sans qu'il fût porté atteinte à la dignité mutuelle des deux puissances en désaccord.

« Les travaux préparatoires pour les circonscriptions définitives des paroisses sont en voie de progrès. On sait que c'est la base essentielle d'une dotation du clergé juste et régulière. Sur cette base, un projet de loi spécial vous sera présenté en temps utile.

« La réforme de la législation civile est une question très importante que le gouvernement n'a pas négligée. Heureusement, la commission de révision du projet de code civil portugais a de telle manière avancé ses travaux, que ce projet sera bientôt soumis à votre approbation.

« La réforme du régime pénal n'est pas moins urgente. Mon gouvernement, convaincu de la nécessité incontestable d'établir dans le pays le système pénitentiaire, a nommé une commission compétente chargée de s'occuper de cette question importante, et qui, à raison de sa nature complexe, exige une réunion de connaissances variées. Les projets de lois nécessaires pour résoudre cette grave question vous seront présentés. Vous serez de même informés des difficultés qui ont retardé l'exécution de la loi hypothécaire; mais les obstacles disparaissent, et sous peu de temps le pays sera effectivement doté de cette importante amélioration, dont il y a lieu d'espérer les résultats les plus avantageux.

« Ayant mis successivement à exécution le plan d'organisation militaire approuvé par la loi du 23 juin 1864, mon gouvernement vous présentera divers projets tendant à améliorer certaines branches du service militaire, si digne de la sollicitude du pouvoir public.

« La grave période de crise monétaire et commerciale, qui vous est si bien connue, est passée; le crédit de nos fonds publics s'est maintenu. Toutes les dépenses publiques seront couvertes sans qu'il soit nécessaire de recourir à l'emprunt autorisé, grâce à l'augmentation des recettes et à l'élévation de la somme produite par l'adjudication du contrat du tabac pour le semestre dernier.

« Dans l'organisation du service des douanes, on a eu besoin de concilier avec les commodités du commerce les nécessités fiscales, et on a apporté une attention toute spéciale aux nouvelles conditions économiques du pays créées par les voies de communication et le développement industriel.

« L'hôtel de la Monnaie a été réformé d'après les indications de la science, et conformément à l'objet qu'a en vue cet établissement.

« Il vous sera présenté un budget des recettes et des dépenses de l'État, et un exposé de la situation financière du pays. Le progrès des recettes permet heureusement que, nonobstant l'augmentation des dépenses inhérentes au développement des services, l'on cesse complétement les réductions aux employés de l'État, et il y a lieu d'espérer qu'il n'y aura pas de déficit dans le budget ordinaire.

« Il a été indispensable, en face de circonstances imprévues, pour faciliter l'institution définitive et très utile de la banque nationale d'outre-mer (coloniale), de recourir à des mesures extraordinaires qui vous seront présentées, ainsi que les autres adoptées à l'égard de diverses colonies, en vertu de l'article 15 de l'acte additionnel.

« Les constructions navales ont continué d'appeler l'attention de mon gouvernement, attendu qu'elles sont d'un avantage notoire pour notre développement colonial et maritime.

« On a commencé les travaux qui ont pour objet la révision des conventions postales et télégraphiques. La banque de Crédit foncier a été fondée. On a passé des marchés sur de nouvelles bases pour la navigation à vapeur en Afrique, aux Açores et Algarves. Il a été donné de l'impulsion aux tracés et aux études de chemins de fer. Usant des autorisations accordées par le pouvoir législatif, on a décrété la réorganisation du ministère des travaux publics et de divers services en dépendant. Enfin, le gouvernement vous présentera, en temps et lieu, des dispositions relatives au commerce des vins et céréales, et d'autres tendant au plus grand développement des routes ordinaires dans la prochaine année économique, à l'amélioration de l'instruction publique et de diverses branches de l'administration.

« Les dernières périodes parlementaires ont été signalées par de notables entreprises et par une féconde activité. Un champ non moins vaste, non moins actif, non moins fécond pour de grandes et utiles dispositions est ouvert au patriotisme éclairé de la nouvelle législature ; la nation attend beaucoup d'elle, et je repose en elle la même confiance, demandant à Dieu de la protéger et de l'inspirer dans sa haute et laborieuse mission. »

La session commença mal ; le ministère n'était pas en mesure de présenter les documents financiers qu'on attendait impatiemment. Aussi, la Chambre, à son tour, se bornant à paraphraser le discours du trône, s'abstint-elle de donner à son adresse un caractère politique. Une sorte de suspension, d'expectative réciproque, très défavorable, en définitive, au gouvernement, résultait de cet état de choses. C'était toujours au ministre des finances, M. Lobo d'Avila, que l'opposition faisait le plus la guerre. Mais M. Lobo d'Avila avait, en dehors des Chambres, un vigoureux appui, — celui de la Maçonnerie portugaise ; — et le duc de Loulé, qui en est justement le président, hésitait à se séparer de son collègue, répétant sans cesse que le ministère resterait ou tomberait tout entier. De fait, il se sentait dans une situation de jour en jour plus critique, et qui devait inévitablement aboutir à une dislocation ministérielle.

La crise éclata dans les premiers jours de mars 1865, et le marquis Sa da Bandeira, chargé par le roi de former un nouveau cabinet, se mit à l'œuvre. Son embarras était grand : il ne voulait pas s'adresser à l'opposition ; d'un autre côté, il ne pouvait prendre le gouvernement avec la chance d'avoir pour adversaire le parti qui se rattachait au duc de Loulé. Les négociations durèrent quelques jours, et, de guerre lasse, le dénoûment fut ce qu'il avait été déjà plus d'une fois dans des crises semblables : une sorte de reconstitution de l'ancien cabinet, sous la présidence du duc de Loulé, avec M. Lobo de Avila de moins, avec M. Sa da Bandeira de plus. Les autres ministres furent : M. Mathieu Carvalho, aux finances ; le marquis de Sabugosa, à l'intérieur, et M. Ayres de Gouveia, à la justice ; tous trois hommes jeunes, bien intentionnés et qui avaient à faire leurs preuves.

Cette sorte de replâtrage fut accueillie avec dépit par l'opposition, avec un certain ressentiment par M. Lobo de Avila, qui se crut mystifié et ne vit dans cette crise qu'un moyen de l'évincer du ministère des finances. De là surgirent les débats les plus orageux dans le Parlement. Le nouveau cabinet trouva, il est vrai, une majorité de 98 voix pour l'appuyer, tandis que l'opposition ne réunissait que 28 votes. En général, cependant, l'opinion était défavorable au ministère, et l'opposition était beaucoup plus animée encore dans la Chambre des pairs, où le cabinet avait contre lui des hommes considérables, le comte d'Aguiar, le comte d'Avila, le comte de Torres-Novas, ancien gouverneur des Indes. Par surcroît d'embarras, on annonçait l'arrivée prochaine du maréchal duc de Saldanha, alors ambassadeur à Rome, et dont la présence ne pouvait manquer d'ajouter à la débâcle ministérielle. Le cabinet fut bientôt au bout de ses forces, et, le 15 avril, éclata une nouvelle crise, où le duc de Loulé disparut définitivement.

Cette fois, le ministère se recomposa sous la présidence de M. Sa da Bandeira, qui restait ministre de la guerre. Les autres ministres furent le comte d'Avila, aux affaires étrangères et aux finances; M. Gomes da Silva Sanchez, à l'intérieur; M. Carlos Bento, aux travaux publics. Les Chambres avaient été momentanément suspendues pendant la crise; elles reprirent leurs séances le 24 avril et firent au nouveau cabinet un accueil qui ne lui promettait pas une existence facile. Comme il arrive toujours, c'était l'opposition qui profitait de toutes ces incertitudes du pouvoir, de ces tâtonnements et de ces enfantements laborieux. Alors le gouvernement se décida à dissoudre encore une fois la Chambre; les élections furent fixées au 9 juillet et le Parlement convoqué pour le 30 du même mois. Toutefois, avant sa dissolution, la Chambre avait voté la loi des crédits (subsides), demandée par le ministère, « afin de lui éviter la dure nécessité d'une dictature. »

Lors des élections nouvelles, la confusion fut loin d'être dissipée, et la situation ne devint guère plus nette. Dans les villes importantes, — à Lisbonne, à Porto, — l'opposition eut l'avantage. Dans le reste du pays, la victoire resta bien au gouvernement; mais, tout compte fait, le ministère avait tout au plus 25 à 30 voix de majorité dans les deux Chambres. Au reste, il est à remarquer que le discours royal, évitant avec soin les questions politiques, fut, cette fois, fort bref. Il se borna à déclarer « que la médiation du Portugal entre l'Angleterre et le Brésil, avait produit les plus heureux résultats; à constater la bonne situation financière du pays, et à annoncer la présentation des lois relatives au commerce des vins du Douro et à l'importation des céréales; puis, qu'il soumettrait sous peu une loi très sévère pour l'abolition définitive de l'esclavage dans les colonies portugaises. »

Les Chambres n'étaient pas réunies depuis un mois qu'il fallut songer à constituer un nouveau cabinet. Mais la crise fut longue. Les nuances délicates et compliquées des partis politiques devaient rendre difficile toute combinaison. L'équilibre des forces dans le Parlement ne permettait point de prendre un ministère tout entier dans telle ou telle fraction; aucune d'elles ne se trouvait assez prépondérante pour être en mesure d'établir son autorité exclusive sur des bases fermes et durables. Lorsque le cabinet, présidé par le général Sa da Bandeira, ne se trouva plus en majorité dans les Cortès, on dut tourner les yeux vers un ministère de fusion dont les éléments divers, conciliés avec beaucoup de tact et de mesure, choisis en dehors des influences spéciales de parti, sans exclure toutefois aucune d'elles, représenteraient dans leur ensemble une harmonie d'opinions sympathiques à un Congrès que personne ne voudrait voir dissoudre.

Le roi, animé de cette pensée, avait d'abord exprimé le désir de placer le comte de Labradio à la tête d'une nouvelle administration. Ce personnage éminent, longtemps éloigné du pays et de la politique active, et demeuré depuis plusieurs années étranger aux luttes des partis, semblait pouvoir aisément grouper autour de lui et réunir dans un même but les diverses fractions dont il s'agissait de combiner l'action commune. Mais le comte de Labradio ne crut pas devoir, à son âge avancé, rentrer dans l'arène politique. Le choix de Sa Majesté s'arrêta donc sur M. d'Aguiar, pair du royaume, ancien ministre de l'empereur Dom Pedro, et qui avait fait partie de l'opposition sous le ministère du duc de Loulé et sous celui du général Sa da Bandeira. M. d'Aguiar, chef du comité électoral de la fusion, était naturellement indiqué pour une haute position au moment où les partis chercheraient à se réunir et où, par la combinaison des nuances voisines, la situation se trouverait modifiée. Le portefeuille des finances fut confié à M. Fontes Pereira de Mello, qui avait rempli ces fonctions sous le ministère du maréchal de Saldanha : ce fut lui qui conclut avec l'Angleterre le règlement de la dette portugaise. Le comte de Torres Novas, l'un des généraux les plus populaires dans l'armée, fut nommé ministre de la guerre. Le comte de Castro, choisi pour ministre des affaires étrangères et des travaux publics, avait déjà occupé ce poste dans plusieurs administrations précédentes, celles du duc de la Terceira, du maréchal de Saldanha, du comte de Thomar et du duc de Loulé. M. de Castro jouissait d'une influence méritée dans la Chambre des pairs; tous ses efforts, aux diverses époques où il avait fait partie du cabinet, avaient été dans le sens de la conciliation; c'est lui qui, en 1856, avait signé avec l'Espagne le traité sur la navigation du Duero et du Tage, et un traité de commerce destiné à assurer de plus en plus les bonnes relations du Portugal avec le royaume voisin.

Il importe du reste de constater combien, au milieu

des diverses fluctuations de la vie parlementaire, le trône était toujours entouré de l'amour et du respect de la nation tout entière. Les difficultés qui avaient amené plusieurs fois la dissolution de la Chambre et de nombreuses modifications ministérielles, ne révélaient elles-mêmes aucune agitation ni aucun trouble dans les esprits. Les préoccupations politiques étaient vives; mais il n'existait, ni entre les hommes ni entre les principes, de ces antipathies absolues, radicales, qui conduisent aux luttes acharnées. La composition du nouveau cabinet, dont les principaux membres avaient fait partie de diverses administrations antérieures, était au besoin une preuve de cette vérité. L'accueil qu'il reçut fut excellent; les chefs du parti libéral, entre autres le duc de Loulé, lui offrirent leur appui; les conservateurs ne lui témoignèrent aucune hostilité.

Le ministère du 5 septembre, sans présenter précisément à la Chambre un programme, « superflu, disait-il, quand tout le monde était d'accord sur les principes généraux, » annonça l'intention de s'appuyer sur le Parlement; de gouverner en exécutant les lois et la Constitution; d'étudier « les questions dont le pays attendait la solution. » Un des principaux membres du cabinet, M. Fontès Pereira de Mello, ajouta, après M. d'Aguiar, que, — nés du Parlement et sortis de son sein, ses collègues et lui ne pouvaient ni ne voulaient gouverner sans l'appui le plus formel et le plus complet du Parlement, et que cet appui, ils sauraient le conquérir. — « L'état de choses que nous voulons inaugurer, dit-il, est celui que vous désirez. Nous poursuivons l'ordre, la conciliation et le progrès. Le gouvernement ne nourrit aucune pensée d'exclusivisme politique ; il désire seulement réunir en un même faisceau toutes les forces vives de la nation et rattacher à sa .politique tous les hommes publics, quelle que soit leur profession de foi. Appuyée sur un parti fort et nombreux, cette situation recevra, avec reconnaissance, toute sympathique adhésion que voudront bien lui donner les hommes des deux Chambres, appartenant à toutes les nuances politiques. »

Dans la Chambre des pairs, le vicomte de Fonte Arcada saisit l'occasion des déclarations du président du conseil, M. J. A. de Aguiar, pour lui demander s'il adoptait certaine loi concédant au roi la permission de voyager. Sans discuter cette loi, votée par les Cortès, sous le précédent ministère, il prétendait trouver de graves inconvénients à ce projet de voyage, qui lui semblait devoir nécessiter quelques secours extraordinaires. Toutefois, il promit son appui aux mesures ministérielles « qu'il jugerait favorables à la prospérité publique. » M. de Carvalho crut devoir appeler l'attention du nouveau cabinet sur la réforme parlementaire, qu'il considérait comme opportune, « sur l'émigration, l'hygiène publique, les terribles conditions où se trouvait le commerce de Portugal en Europe et en Amérique. » Le ministre des finances remercia la Chambre de ses paroles bienveillantes et répondit, quant à l'interpellation relative au voyage royal, « que, s'il en était besoin, le ministère naturellement demanderait au Parlement ce qu'il jugerait nécessaire et convenable. »

Jusque-là, tout était donc au mieux; on ne pouvait

prodiguer plus de promesses et de bonnes intentions. L'avenir devait prouver ce qu'elles avaient de sérieux; car l'absence du roi allait suspendre momentanément la politique et permettre aux divers partis de se recueillir pour la prochaine campagne parlementaire.

VII

EXPOSITION DE PORTO ET VOYAGE DU ROI EN EUROPE

Avant d'entreprendre un voyage à l'étranger, le roi devait d'abord inaugurer une grande exposition à Porto ; puis revenir à Lisbonne pour assister, le 25 septembre, au service commémoratif de la mort du roi Charles-Albert, et, le 26, à la cérémonie du baptême du second fils qui lui était né, et qui reçut le nom d'*Alphonse*, en souvenir du fondateur de la monarchie portugaise. Le 15, Dom Luiz et la famille royale partirent le matin de Lisbonne, et firent leur entrée à Porto dans l'après-midi. Le roi était à cheval, suivi d'une partie de sa maison militaire et ayant auprès de lui son frère, l'infant Dom Augusto. La reine suivait en voiture découverte, avec le roi Dom Fernando et le petit prince royal, l'infant Dom Carlos. Une grande partie du corps diplomatique et tout le corps consulaire assistaient avec Leurs Majestés à la fête de l'industrie et des arts. Tous les ministres, le Parlement presque entier et les dignitaires de la couronne y avaient été invités. L'exposition avait attiré une foule immense de visiteurs dans la ville de Porto, grâce à son beau climat. Quant à l'exposition elle-même, elle répondait aux plus grandes espérances. Parmi les nations étrangères, l'Angleterre était magnifiquement représentée pour les produits industriels. L'Italie tenait le premier rang pour les beaux-arts. Le palais de cristal, quoique de proportions modestes, était fort beau et placé dans une admirable position.

Un élégant pavillon aux armes royales réunissait les principales autorités et le corps consulaire. Leurs Majestés y furent reçues par la Chambre municipale, dont le président leur offrit les clefs de la ville en prononçant le discours d'usage ; le roi y répondit en remerciant les habitants de l'accueil que lui faisait leur patriotisme, et en rappelant que « la ville de Porto était la ville des héroïques entreprises et des essais inspirés par une pensée toujours élevée. »

Le cortége se reforma ensuite pour se rendre au *Te Deum*, en l'église royale de Lappa ; de là, les augustes voyageurs gagnèrent leur palais. Le dimanche 17 eut lieu la cérémonie du baise-main, les hommes en grand costume, les dames en toilette de cour. Le consul de France présenta à Leurs Majestés les membres de la section française du jury international et M. Nathalis Roudot, délégué de la commission portugaise à Paris. Vers trois heures, le roi alla visiter l'exposition, accompagné de son auguste père et de l'infant son frère. Cette première visite se prolongea jusqu'à six heures et demie. Les deux souverains accordèrent à l'examen des produits français une attention particulièrement bienveillante ; ils firent même l'acquisition de plusieurs d'entre eux, et en particulier de huit tableaux. Dom Luiz se réserva également plusieurs instruments de précision, après en avoir apprécié la parfaite exactitude en homme des plus compétents.

Le 18, s'effectua en grande pompe l'ouverture de l'exposition, et le lendemain eut lieu, au club Portuense, le bal que Leurs Majestés avaient accepté. « Par sa richesse et son élégance, dit un témoin oculaire, cette fête ne le cédait en rien à celles des précédents voyages. »

Avant de quitter Porto pour regagner Lisbonne, le roi Dom Luiz réunit à sa table les directeurs du palais de cristal, la commission centrale de l'exposition, les présidents des douze groupes du jury international et les principales autorités. Le lendemain, il partait, « aussi content de la population de Porto que celle-ci avait été joyeuse de posséder son souverain au milieu d'elle, et emportant sans doute le souvenir heureux d'une réception aussi cordiale, aussi chaleureuse qu'il pouvait la désirer. »

De retour à Lisbonne pour les fêtes du baptême de l'infant nouveau-né, le roi ne tarda pas à repartir avec la reine, laissant la régence du royaume à son père Dom Fernando. Il prit d'abord le chemin de l'Italie (3 octobre), accompagné d'une escadrille qui se composait de trois navires de guerre, sous les ordres du vicomte de Soarez. Victor-Emmanuel, — le roi-gentilhomme, — réservait un accueil magnifique à l'auguste époux de sa fille bien-aimée. Parti de Florence, le 23 octobre, pour se rendre à Turin au-devant de ses futurs hôtes, le 26, à onze heures du matin, il eut la joie de leur faire les honneurs de l'ancienne capitale du Piémont; puis, laissant de côté toute étiquette, il descendit l'escalier du palais avec rapidité, embrassa sa fille et lui donna le bras pour la conduire aux appartements royaux. De son côté, le roi de Portugal enleva son fils dans ses bras et monta l'escalier, le tenant ainsi, pendant que la reine de Portugal était au bras de son père.

A l'occasion de la réunion de la famille royale à Turin, le roi d'Italie, fidèle aux généreuses traditions de la maison de Savoie, donna, sur sa cassette particulière, 50,000 francs, dont 30,000 francs pour les diverses caisses de secours mutuels des ouvriers, surtout ceux qui ne peuvent pas travailler, et 20,000 francs pour les indigents de la ville. Nous nous répéterions assurément à raconter les splendeurs des dîners de gala et des bals donnés en l'honneur des souverains de Portugal. Mais ce que nous ne saurions passer sous silence, c'est le spectacle touchant des témoignages expansifs de l'amour paternel de Victor-Emmanuel, de l'admiration populaire pour l'union et l'affection réciproque qui régnaient dans cette illustre famille. On ne tarissait pas d'éloges sur l'affabilité, la bienveillance et la physionomie gracieuse, bien que digne et toute royale, du jeune roi Luiz; sur les vertus domestiques, les façons magnifiques et chevaleresques du prince qui, par le caractère, l'esprit et la bonté, rappelle si bien notre excellent roi Henri IV. Après un séjour plein d'enchantements à Turin, la famille royale partit pour Gênes, où les fêtes se succédèrent encore durant une semaine. Le 22 novembre, à onze heures et demie, le canon de la forteresse San Giovanni annonça l'arrivée à la gare du convoi qui amenait à Florence le roi Dom Luiz et la reine Marie-Pie. Dès neuf heures du matin, une foule immense se pressait, malgré le mauvais temps, aux abords de la station, et se répandait dans les rues et les places que devaient parcourir les voitures royales. Les régiments de la garnison et la garde nationale, accourue nombreuse à l'appel de son général, se trouvaient échelonnés sur la place Santa Maria Novella et dans les rues conduisant au palais Pitti.

A leur descente du wagon, les augustes voyageurs furent reçus par le ministre de Portugal et tous les membres de la légation, les ministres, le préfet, le syndic et la junte de Florence, le grand maître des cérémonies, le corps diplomatique et une foule de personnages de distinction. Le roi Dom Luiz portait l'habit de général sous un dolman fourré. Leurs Majestés, accompagnées de LL. AA. RR. les princes Humbert, Amédée et de Carignan, furent introduites dans un salon d'attente décoré avec un grand luxe et s'y arrêtèrent quelques instants pour recevoir les hommages de la municipalité, qui fit offrir par le syndic, à la reine Marie-Pie, un magnifique bouquet que Sa Majesté accepta gracieusement en remerciant la junte de sa délicate attention.

Passant ensuite sous la galerie qui conduit à la grille extérieure de la station, les augustes voyageurs prirent place dans le carrosse de grande cérémonie, et le cortége se mit en marche dans l'ordre suivant : un peloton de carabiniers précédait à quelque distance les voitures royales. Dans la première se trouvaient quatre fonctionnaires de la maison du roi ; la voiture de grand gala suivait immédiatement après, attelée de six chevaux magnifiques, à la tête de chacun desquels se tenait un valet de pied en grande livrée. S. M. Dom Luiz occupait le fond de cette voiture et avait à sa droite la reine tenant sur ses genoux l'enfant royal. Le prince héréditaire d'Italie était placé en face de son auguste sœur. Chacun admirait les grâces de la jeune reine et le frais visage du petit prince. La foule était émerveillée de la physionomie franche et distinguée du roi de Portugal.

Un grand nombre de généraux et d'aides de camp formaient un cortége des plus brillants aux nobles personnages ; venait ensuite une voiture attelée de quatre chevaux, dans laquelle se trouvaient LL. AA. RR. les princes Amédée de Savoie et Eugène de Carignan ; cette voiture était suivie de plusieurs autres équipages de la cour, occupés par des fonctionnaires, ambassadeurs, diplomates, etc. Les voitures de la municipalité venaient en dernier lieu, et un escadron de cavalerie fermait la marche.

Sur tout le parcours de ce splendide cortége les vivat et les applaudissements ne cessèrent de se faire entendre.

Dès que Leurs Majestés et leur suite furent entrées dans le palais Pitti, des cris d'enthousiasme prolongés retentirent sur la place. Victor-Emmanuel apparut alors sur le balcon avec la reine sa fille, son royal gendre et les princes ses fils. Les applaudissements éclatèrent encore plus vifs, si c'est possible, de tous les côtés, jusqu'à la disparition complète de la famille royale.

Pendant la marche du cortége, une pluie fine et serrée n'avait cessé de tomber, sans que ce contre-temps diminuât en rien l'ardeur et l'empressement de la foule ; on peut dire sans exagération que tout Florence était venu acclamer ses augustes hôtes.

Les fêtes se succédèrent plus brillantes les unes que les autres, dîners et représentations de gala, bals et concerts, suite d'enchantements indescriptibles, de surprises féeriques et éblouissantes, royales magnificences enfin, dont Victor-Emmanuel, comme père et comme souverain, se plut à entourer ses enfants bien-aimés, son orgueil et sa joie. Mais les plus beaux rêves ont une fin, comme toutes choses ; le jour des adieux arriva, et c'est le cœur plein d'une tendre émotion et les yeux humides de larmes, que le bon roi prit congé de sa fille et de son auguste gendre, obligés de poursuivre leur vogage à travers l'Europe.

En effet, les voyageurs se dirigèrent vers la France, où les attendait la plus franche hospitalité ; puis ils retournèrent dans leurs Etats en passant par Madrid. Le 30 décembre, ils étaient de retour à Lisbonne.

Le jeune souverain, que les savants et les artistes acclamèrent comme un des princes les plus érudits de ce temps, « et que les Madrilènes avaient salué du cri de : « Vive les rois libéraux ! » rentrait dans son royaume, le cœur enivré des plus ineffables souvenirs. « Dans la visite que j'ai faite à quelques souverains de l'Europe, mes augustes alliés, disait-il avec effusion à la séance des Cortès du 2 janvier 1866, j'ai reçu les plus éclatants témoignages d'amitié et de sympthie. L'Italie, quand elle a revu la fille chérie de ses rois, a poussé ses démonstrations jusqu'à l'enthousiasme. La bienveillance des souverains et la faveur des peuples ayant ému mon âme, ont des droits à ma reconnaissance. »

VIII

TABLEAU DE LA LITTÉRATURE ET DES ARTS

Ce sont les illustres professeurs de Turin, Sismondci et de Filippi qui, lors de la visite de Dom Luiz au Musée des sciences naturelles, le proclamèrent « un monarque intelligent et érudit. » A l'académie Albertine des beaux-arts, le roi s'était arrêté dans l'atelier du célèbre peintre Ferri et, parmi d'excellents tableaux, avait choisi, pour la galerie de Lisbonne, une œuvre magistrale : « *La princesse de Lamballe et les massacres de septembre,* » faisant en ceci acte de compétence et de bon goût ; car, à l'exemple de son père, il possède au plus degré le sentiment artistique ; il est même excellent musicien, et compose avec distinction.

La nation portugaise, qui aime les lettres et la poésie avec passion et les cultive avec éclat, occupe un rang inférieur parmi les nations, au point de vue des beaux-arts. Peut-être est-il réservé à la dynastie régnante d'en éveiller le goût chez ses sujets. Cette gloire ne serait point à dédaigner pour elle.

Mais, à défaut du génie artistique, le Portugal a toujours joui d'une grande renommée dans la littérature et la poésie ; et c'est sur ce côté intéressant de son histoire que nous allons jeter un rapide coup d'œil.

« La contrée où les orangers et les citronniers fleurissent sous un ciel limpide et bleu, » et que l'on nomme du nom si doux de Lusitanie, est remarquable par la richesse de son sol et la beauté de son climat. Pourtant, ses habitants négligèrent longtemps l'agriculture, et, « comme les races oisives de l'Orient, ils commencèrent par être bergers. Les bergers sont des contemplateurs et des rêveurs. L'horizon mystérieux, la mer plus mystérieuse encore, les étoiles qui voyagent sans cesse ou semblent voyager, — il n'est rien dans le spectacle de la nature qui ne mette en mouvement et en marche leurs imaginations ardentes et vagabondes. » (Octave Lacroix.) La culture des sciences, des lettres et des arts devait donc être naturellement en honneur en Portugal. Aussi voit-on, dès la fin du treizième siècle, l'Université de Lisbonne, créée par un roi surnommé le Laboureur et le Sage, Dom Diniz, se remplir de savants illustres, et, une fois fixée à Coïmbre, étendre en France, en Allemagne et en Italie, pendant tout le seizième siècle, son renom et sa splendeur. « C'est elle, dit le même écrivain à qui l'on doit une excellente étude sur la littérature portugaise, c'est elle qui ordonna et régla les études dispersées, et jusqu'alors à peu près stériles, des érudits et des poètes indigènes ; elle les réunit et les groupa euxmêmes de manière à en faire valoir toutes les forces et toutes les aptitudes. La poésie avait eu, au quinzième siècle, une sorte de floraison en Portugal, et le *Cancioneiro*, imprimé plus tard par les soins de lord Stuart, contient les essais de cent cinquante rimeurs, fort adonnés au genre burlesque et bouffon. Ces joyeux et satiriques chanteurs, qu'on peut comparer à nos troubadours et à nos trouvères, préparaient le génie national et épuraient la langue pour la rendre propre à des travaux plus relevés et meilleurs.

« Sa de Miranda marque la nouvelle ère. Il a des accents inusités qui étonnent et ravissent autour de lui. Il façonne et ploie le rhythme au joug capricieux de la pensée et de l'inspiration. Après Sa de Miranda ou avec lui apparaissent Antonio Ferreira, Diogo Bernardes, Pedro de Andrade Caminha, toute une pléiade ou tout un cénacle.

« Ces vifs et délicats esprits subissent, il est vrai, plus ou moins l'influence des littératures étrangères, et les imitations des poètes italiens abondent dans leurs œuvres, mais on ne pourrait sans injustice leur contester une véritable et native originalité dans la copie même et dans la reproduction.

« Dans cette éclosion remarquable d'une foule de beaux talents, gardons-nous d'oublier des prosateurs et des historiens d'un glorieux mérite : Fernand Lopez de Castanheda, par exemple, et João de Barros, qui a écrit l'histoire de l'Asie portugaise. C'est João de Barros qui se plaignait à Jean III de voir la jeunesse s'appliquer aux poèmes amoureux, et qui demandait qu'à la manière antique on s'efforçât plutôt de célébrer les vertus et les hauts faits des grands hommes et des héros.

« Il était réservé à Luiz de Camoëns de réaliser ce vœu du sévère historien.

« Tels étaient les devanciers et les contemporains de l'auteur des *Lusiades*, du poète portugais par excellence et qui, en vouant sa plume à la gloire et aux triomphes de sa patrie, a donné à l'Europe le premier poème épique qu'on ait écrit dans une langue moderne. »

Dans les époques contemporaines, le Portugal fut si tourmenté par les événements politiques, par les guerres étrangères et civiles, que la littérature subit comme une espèce d'arrêt. Ce n'est que sous le règne de Dona Maria II qu'elle reprit son essor. « Nous possédons, disaient les hommes instruits, une langue merveilleuse, sonore, poétique. Nous avons un glorieux passé littéraire ; c'est à nous de le faire revivre et de reprendre une place honorable parmi les peuples de lE'urope. » Toutefois, si le Portugal ne connut pas de vraie littérature, notamment pendant les quarante premières années du dix-neuvième siècle, il serait injuste de dire qu'il n'y ait point paru quelques ouvrages intéressants et curieux sur diverses matières, la philologie, l'histoire, la géographie, les sciences mathématiques et naturelles, le droit, la théologie. Frigoso, Fernandes Thomaz, Borges Carneiro, Ferreira Borges, Pereira e Soura, Correa Telles, s'occupèrent de législation. Frey Francisco de Saô Luiz approfondissait les origines de la langue portugaise. Le vicomte de Santarem publiait des études magnifiques sur les anciennes conquêtes du Portugal en Afrique. Silvestre Pinheiro oubliait sa langue maternelle pour écrire en français des ouvrages importants de droit public, pendant que d'autres écrivains commentaient les œuvres juridiques de Pascual Jose de Mello et de Lobaô dans leur idiome national. L'Académie, enfin, ne cessait de mettre au concours des questions de grammaire, de navigation, de statistique, de chronologie et de philologie.

« Mais la véritable philosophie, qui ne vit que par la liberté, dit M. Pereira da Silva; l'histoire impartiale, qui a besoin d'air pur et sain ; la critique littéraire, qui exige des connaissances encyclopédiques et libérales ; la poésie, cette sœur de charité du peuple, cette fille chérie du ciel, cet aliment qui ennoblit et élève l'esprit, et moralise le cœur humain ; la philosophie, l'histoire, les belles-lettres, la poésie ne pouvaient se faire jour à travers une atmosphère chargée de nuages et de tempêtes, au milieu de la nuit lugubre d'un despotisme barbare. »

A part Francisco Manoel, le poète exilé, dont les vers, traversant l'espace, allaient remuer fortement les âmes des Portugais, le Portugal ne comptait plus que des poètes médiocres, tels que José Agostinho de Macedo, José Daniel, romancier extravagant, Aguiar Leitaô, auteur de froides tragédies, imitées du théâtre classique français des dix-sept et dix-huitième siècles, etc. Un nom seul de cette époque malheureuse, celui de Dom Francisco Lobo, évêque de Viseu, mérite d'appeler l'attention. Comme homme politique, il a laissé une mémoire odieuse ; mais, comme littérateur, il s'est placé au premier rang des auteurs portugais du dix-neuvième siècle par ses essais inachevés, ses travaux à peine esquissés, ses mémoires sur quelques écrivains, ses traîtés de questions dogmatiques, morales, théologiques.

« Son Etude sur Frey Luiz de Sousa est un véritable joyau de la langue portugaise. »

Cependant un grand poète apparut, au commencement de ce siècle, à l'horizon de la Lusitanie. Né à Porto, il se nommait Joaô Baptista Almeida Garrett. Sur la terre d'exil, « il savourait les premiers flots de cette poésie moderne que lord Byron, en Angleterre, et Lamartine, en France, répandaient en vers admirables. » Il proclama la réforme de la poésie portugaise en faisant ses adieux aux anciennes traditions, et en invoquant la muse romantique pour l'aider dans la mission qu'il s'était donnée de porter haut l'étendard de la renaissance littéraire du Portugal. Abandonnant son premier bagage d'enfant pour suivre l'école romantique, il débuta dans sa nouvelle voie par *Donna Branca*, roman en vers, selon les formes de Cortereal, de Quevedo, de Duraô, de Basilio da Gama et d'autres poètes portugais et brésiliens des seizième, dix-septième et dix-huitième siècles ; mais se rapprochant par le sujet, les épisodes et l'inspiration, de Walter Scott et de lord Byron ; de la *Dame du Lac*, de *Marmion*, de *Parisina* et du *Corsaire*.

L'apparition de *Donna Branca* « fut un événement et produisit une révolution dans la littérature portugaise ; » un poème sur la vie du Camoëns, supérieur à *Donna Branca* dans la partie sentimentale et mélancolique, n'en avait pas l'originalité et le naturel, et sembla une chute plutôt qu'un progrès véritable,

Le troisième poème d'*Adozinda*, légende pleine de charmes, de poésie et d'intérêt dramatique, puis les *Lyres de Joaô Minimo* relevèrent le poète et le placèrent à la tête de la littérature portugaise de notre temps. Aussi la gloire et les honneurs ne lui firent pas défaut; car il fut successivement député, pair et ministre des affaires étrangères, sans abandonner le culte des Muses. Au théâtre, qui lui doit une réforme complète dans l'art d'interpréter les ouvrages, il a donné : un *Autto de Gil Vicente*, drame en cinq actes et en prose; — l'*Alfageme de Santarem*; — *Luiz de Sousa*, considéré comme un chef-d'œuvre. — On lui doit encore l'*Arco de Santa Anna*, tableau du quatorzième siècle, plein d'action, de vie, d'intérêt. Bref, Garrett passe pour être « le plus grand écrivain du dix-neuvième siècle en Portugal, et le promoteur de la renaissance littéraire. »

Une fois l'élan donné, la réforme accomplie, et la liberté de la presse aidant, le Portugal devait rapidement marcher dans la voie du progrès. Le journal, surtout, prit un essor prodigieux et porta souvent au pouvoir les hommes voués aux lettres, aux sciences, à la politique. C'est, en effet, le journal qui a envoyé aux Chambres Jon' Estevans, Rodrigo da Fonseca et Rebello da Silva, Passos Manuel, Fontes Pereira de Mello, Casal Ribeiro et Martens Ferraô ; — c'est le journal qui a élevé au ministère des administrateurs habiles, tels que le duc de Saldanha, le comte de Thomar, le comte d'Avila, Joaquim-Antonio de Aguiar, le marquis de Sà' da Bandeira, le comte de Castro, le duc de Loulé.

Mais, en même temps que les illustres champions de la presse, les poètes, les romanciers, les dramaturges se multiplient et grandissent dans l'opinion. Parmi ces écrivains chers à la patrie portugaise, citons

Antonio de Castilho, auteur des charmantes lettres d'*Eccho et Narcise*, des *Jalousies du Barde*, des *Nuits du Château*, d'une imitation des œuvres d'Ovide, des *Tableaux historiques du Portugal;*

Alexandre Herculano, poète, romancier et historien remarquable, philologue, archéologue et antiquaire érudit, vice-président de l'Académie royale des sciences de Lisbonne, et bibliothécaire au palais d'Ajuda, à qui l'on doit, à proprement parler, le développement d'une branche littéraire jusqu'alors peu explorée, le roman, et qui a donné : la *Harpe du voyant*, *Mestre Gil*, *Arrhas por forô d'Hespanha*, l'*Abobada*, *Enrico*, le *Moine de Cister*, l'*Historia de Portugal*, « monument le plus glorieux de la littérature portugaise contemporaine ; »

Rebello da Silva, longtemps journaliste et député, « orateur parlementaire distingué, écrivain élégant, » souvent éloquent dans ses *Fastes de l'Eglise;* auteur de quatre romans historiques : *Rausso por Homisio*, *Odio velho nao cansa*, *A Mocidade de Dom Joao V*, la *Dernière Course de Taureaux à Salvaterra*. M. Rebello da Silva a récemment publié un volume qui, sous le titre d'*Invasion et occupation du Portugal en* 1580, sert d'introduction à l'histoire de ce royaume pendant les deux derniers siècles. Dans cette œuvre nouvelle, où il révèle toutes les qualités du véritable historien, il puise avec une saine et judicieuse critique aux sources vives de l'histoire; il contrôle avec une remarquable sagacité les témoignages pour ou contre que lui apportent les archives des deux royaumes, les correspondances de Philippe II et de ses ambassadeurs, les collections de mémoires inédits, tous les documents enfin qui jettent un jour inattendu sur cette époque si curieuse et jusqu'ici si peu connue. Pour s'être un peu trop complu, peut-être, dans ses découvertes, et par trop arrêté parfois au dépouillement de tant de documents et de pièces, M. da Silva a, en général, cette grande et large manière qui dessine vivement, nettement, les plans d'un tableau historique; ses figures se détachent du récit en pleine lumière, elles ont le relief des personnages d'un drame.

La littérature dramatique, depuis Garrett, compte, parmi les plus distingués, Mendès Leal Junior, dont le drame des *Deux Renégats* « eut un succès aussi étourdissant que celui qui signala en France l'apparition d'*Hernani*, de Victor Hugo; » Camillo Carello Branio, Ernesto Biester, Abranches, Pereira da Cunha, José d'Almada, etc.

Ajoutons à tous ces noms glorieux quelques noms de poètes non moins glorieux, tels que : Joaô de Lemos, « ce chantre d'un lyrisme passionné, » Bulhaô-Pato, qui rappelle, dit-on, Alfred de Musset, Chénier et Millevoie; Freire Serpa, Palmeirin, Theophilo Braga, Corvo, Sarmento, éclatants de vie et de chaleur; Antonio Viale, Rossado, Novaes, Pinheiro Chagos, Costa e Silva, Antonia Serpa, Amorim, génies charmants qui honorent le Portugal; Thomas Ribeiro, un des interprètes les plus inspirés de la haine traditionnelle du Portugal contre le joug espagnol. « Dans tous les genres différents de poésie, vous trouverez au Portugal une culture savante et des talents ingénieux. Qu'on ne s'étonne point de ce développement poétique; la langue portugaise se prête à tous les modes d'inspiration, aux amours, — ardeur, ivresse ou mélancolie ; au sonnet, aux fraîches idylles, aux mâles accents du patriotisme. Les Portugais se vantent de leurs poètes, de leurs bardes, de leurs troubadours, de leurs improvisateurs. Ce peuple est né poète ; le climat si doux et si chaud, les bords fleuris des fleuves ; l'aspect luxuriant des montagnes richement boisées, tout l'invite à chanter dans sa belle langue, gracieuse, mélodique et cadencée ; il conserve avec amour ses traditions religieuses et nationales ; il s'endort aux chansons, aux *leudas* et aux *chacaras*, où les aventures de ses ancêtres et le récit des luttes gigantesque soutenues contre les Maures pour sauver le pays, le sol natal, les saintes croyances, la liberté, font ses délices et le charme des longues nuits d'été. Épris de poésie, il lui demande l'oubli de ses douleurs et l'exaltation de ses joies ; il s'arrête devant les improvisateurs, et applaudit avec enthousiasme leurs chansons et leurs *solans ;* il les redit sur les places publiques, près de l'église, au milieu des villages, au coin du feu, dans les réunions champêtres, là où pétille le vin fameux du pays, lorsque les familles réunies célèbrent la fête du saint, du patron vénéré qui les protége. Ici, tout brille et tout sourit ; l'homme du peuple compose des vers attendris et les chante dans son rude labeur d'ouvrier ; ainsi fait le pasteur en surveillant son troupeau, tandis que résonne sous ses doigts la guitare ou la mandoline. Des lèvres arides de la grand'-mère, la légende merveilleuse passe éternellement jeune dans la mémoire des enfants, et les générations la recueillent ainsi dans toute sa fraîcheur inaltérable. La poésie est dans les mœurs de ce pays, elle est dans l'air, dans le ciel bleu, dans les splendides horizons, dans les esprits, dans les cœurs. » (PEREIRA DA SILVA.)

La polémique quotidienne a également mis en lumière des talents souples et vigoureux, entre autres Latino Coelho, Rodrigues de Sampaio, Teixeira de Vasconcellos, Silva Tullio, Rebello da Silva, etc.

Ce nombre considérable d'écrivains portugais s'explique par le goût du peuple et par les encouragements qu'il a toujours prodigués aux littérateurs, aux savants, et surtout aux poètes, et dont il commence à saluer les beaux-arts, peu cultivés jusqu'ici en Portugal. On y voit, pourtant, quelques monuments remarquables d'architecture gothique. Les Portugais aimaient passionnément la musique depuis le temps de Dom Joaô V, qui fonda à Lisbonne un théâtre italien ; ils admiraient la statue colossale de Joseph Ier, élevée dans le Terreiro do Paço, et due au talent d'un artiste portugais. « Mais, en général, les arts n'avaient pas d'expression bien vivante ; la peinture et la sculpture n'y avaient rien produit de notable. A l'époque florissante de Murillo, de Ribera et de Velasquez, le goût de la peinture n'avait pas dépassé les frontières occidentales de l'Espagne et pénétré au Portugal. Aucun artiste peintre portugais n'avait pris sa place à côté des génies qui honoraient le royaume voisin. On peut saisir cependant aujourd'hui en Portugal une tendance à la création d'une école nationale de peinture. Dom Ferdinand de Saxe-Cobourg, le roi-époux de Dona Maria II, et père du souverain actuel, homme de talent et de goût, cherche à répandre la culture des beaux-arts dans sa patrie adoptive. Le palais qu'il a fait construire sur le sommet de Cintra, au-dessus des ruines du monastère célèbre d'où Dom Emmanuel regardait la mer, en attendant l'escadre qu'il avait confiée à Vasco de Gama pour découvrir les Indes ; les jardins qu'il a plantés sur ces pics élevés et superbes ; la restitution qu'il exécute du monument mauresque qui y dominait les hauteurs et se perdait dans les nues ; les musées de beaux-arts, les collections scientifiques qu'il a organisées dans sa résidence royale ; enfin le patronage assidu qu'il exerce sur les artistes, tout cela a concouru à former le goût de la nation et à préparer les éléments d'un brillant avenir. »

Le roi, qui tient de son père ce goût particulier pour les beaux-arts, paraît vouloir s'attacher à en développer l'essor et à doter le Portugal d'une gloire nouvelle. Il atteindra ce but par le stimulant des concours, qui surexcitent l'émulation et ouvrent la carrière à tous. C'est ainsi qu'il a déjà procédé au mois de mai 1865, en appelant tous les artistes nationaux et étrangers à concourir pour l'érection, sur une des places publiques de Lisbonne, d'un monument en l'honneur du roi Dom Pedro IV. La composition couronnée est de deux Français : MM. Davioud et Elias Robert ; elle se divise en quatre parties : le soubassement, le piédestal, la colonne et la statue. Au-dessus d'un bloc de granit formant soubassement, et à chacun des angles du carré qu'il forme, est placée sur un piédestal une statue assise. Ces figures, indépendamment de leur signification symbolique, font matériellement office de contre-forts et conduisent l'œil jusqu'au pied de la colonne. Elles représentent les quatre Vertus cardinales, c'est-à-dire, la Prudence, la Justice, la Force et la Tempérance. Sur la partie du soubassement qui les joint, apparaissent les armoiries des vingt principales villes du royaume de Portugal, pour exprimer le concours patriotique de la nation.

La seconde partie du monument comprend le piédestal où seront inscrits les faits que doit rappeler l'érection du monument. Quatre tables d'un style simple et sévère, décorées de guirlandes et de couronnes, et surmontées du chiffre du fondateur de la monarchie régnante, y sont disposées à cet effet.

La troisième partie du monument, la colonne proprement dite, présente, sur le fût inférieur, quatre Renommées, sculptées en bas-relief et reliées entre elles à l'aide de guirlandes et de couronnes. Enfin, au-dessus du fût cannelé, s'épanouit le chapiteau, s'écartant sur chaque face pour laisser voir l'écu et les armes de Pedro IV, surmontés de la couronne royale, enlacée de palmes et de fleurs symboliques.

Sur un piédestal que porte ce chapiteau se dresse la statue de Dom Pedro IV, en uniforme d'officier général; il tient de sa main droite la Constitution qu'il vient d'octroyer, et sa main gauche est appuyée sur son épée. Cette figure, dont la hauteur est de trois mètres trente centimètres, est supposée coulée en bronze et dorée par les procédés de la pile électrique. Le monument comporte dans son ensemble une hauteur de vingt-sept mètres cinquante centimètres; sans s'éloigner de la tradition des monuments honorifiques, il se distingue par un caractère essentiellement moderne, très habilement exprimé par ses auteurs.

IX

LE GÉNÉRAL PRIM A LISBONNE

Revenons au moment où nous avons vu le nouveau ministère se constituer, en apparence, à la satisfaction de tous les partis, et faire aux Chambres des promesses fort séduisantes. Depuis le 5 septembre qu'il existait, avait-il réalisé ces promesses? Avait-il donné au Portugal « le gouvernement fort » qu'il annonçait? Toujours est-il qu'après une série de crises, dues à un certain alanguissement, il avait vécu et vivait encore. Il avait même exercé le pouvoir sans trouble, durant une de ces périodes qui sont toujours une épreuve dans une mesure relative, — pendant l'absence du roi et de la reine. Le voyage du roi n'avait pas été vu par tout le monde, en Portugal, avec une égale faveur, parce que Dom Luiz emmenait avec lui le jeune prince, âgé d'un an. Pourtant, à son retour, le souverain retrouva le Portugal aussi calme qu'il l'avait laissé. A l'ouverture des Cortès (2 janvier 1866), il loua « la sagesse et la prudence avec lesquelles le roi Dom Fernando, son estimé père, avait gouverné le royaume, » et, constatant le maintien de la sécurité et de la tranquillité publiques dans l'intérieur : « Mon gouvernement, ajouta-t-il, présentera aux Cortès quelques projets de lois sur les diverses branches de l'enseignement primaire et sur l'hygiène publique. Pour former de bons citoyens, il est nécessaire d'éclairer leur intelligence et de fortifier leurs corps pour le travail, base de la richesse nationale et source de nombreuses vertus.

« Sont soumis à votre examen, attendant une solution dans cette session législative, divers projets de lois qui se recommandent par leur importance : un projet de code civil, le projet qui étend et règle la liberté de la presse, et celui qui établit le désamortissement des biens des diverses corporations et œuvres pies, méritent entre autres votre mûre appréciation.

« Divers travaux sont déjà avancés. Ils font espérer dans un bref délai une importante transformation dans la législation civile, criminelle et commerciale.

« Heureusement ont disparu les obstacles qui s'opposaient à la prochaine installation des juridictions conservatrices et conséquemment à l'exécution de la loi hypothécaire, et le gouvernement ne néglige rien pour activer les travaux nécessaires à l'effet de procéder convenablement à la circonscription des paroisses, préliminaire indispensable d'une réforme plus large et plus avantageuse.

« Les travaux publics ont continué dans tout le royaume avec le plus grand développement, compatibles avec les ressources allouées par la loi à cette fin. Mais dans cette branche de l'administration publique, il nous faut procéder d'une manière incessante. Notre mode de transport accéléré réclame son complément, et les chemins ordinaires doivent compléter le réseau de nos communications en les subordonnant à la direction des voies ferrées.

« Pour atteindre ce but, il aura été fait un grand pas par la conversion en lois des projets soumis au Parlement pour assurer la construction de notre réseau du Sud-Est et pour compléter le chemin de fer du Nord, en le conduisant à un point plus central, en la ville de Porto. Les améliorations commerciales que vous avez approuvées, en même temps qu'elles stimulent notre industrie, doivent faciliter nos nouveaux traités avec l'Europe et l'Amérique.

« Le gouvernement compte, dans le cours de la présente session législative, soumettre au Parlement quelques conventions internationales. On vous soumettra également quelques projets de lois tendant à rendre plus productives les dépenses faites pour l'armée en améliorant les services de son ressort, en élargissant les ressources de son instruction théorique et pratique, et en réglant convenablement ce qui a trait à la justice et à l'administration militaires.

« Les colonies exigent une attention toute spéciale. Développer leurs richesses naturelles de manière à les rendre un secours plutôt qu'une charge pour la mère patrie, doit être la pensée et le but commun. Quelques projets dans ce sens ont été présentés aux Cortès et d'autres dispositions de même nature leur seront soumises.

« La situation de la finance nationale réclame la plus sérieuse attention des pouvoirs publics. Mon ministre des finances vous présentera le budget des recettes et des dépenses de l'Etat pour la prochaine année économique, et les mesures indispensables pour faire face aux besoins du Trésor, afin de continuer, comme jusqu'ici, à satisfaire intégralement aux charges du service et à acquitter les intérêts de notre dette consolidée. L'économie la plus sévère et la mieux entendue dans les dépenses est surtout aujourd'hui indiquée par les circonstances. J'ai la confiance que vous apporterez à cette importante branche du service de l'Etat toute l'attention qu'elle exige.

« J'ai décidé que les ministres qui ont assisté mon auguste père pendant la régence continueraient d'exercer leurs fonctions. »

Cette économie « sévère et bien entendue, » que le discours du trône signalait comme impérieusement commandée par les circonstances, les ministres en avaient justement fait la base principale de leur programme, sans vouloir manquer à aucun des engagements de l'État et en veillant au maintien du crédit portugais à l'intérieur et à l'extérieur. Les autres articles de leur programme pouvaient se résumer ainsi : « Application des principes les plus libéraux au commerce des céréales et des vins par le Duero ; traités de commerce particulièrement avec l'Espagne pour la navigation des fleuves et l'union des chemins de fer ; réforme du ministère public et présentation d'un projet de code civil si nécessaire au pays; tolérance complète pour tous et développement de la liberté de la presse. » On s'attendait à quelque opposition, lors de l'ouverture des Cortès, de la part du maréchal de Saldanha; car déjà, au mois de novembre 1865, il avait publié dans les journaux une lettre adressée au président du Conseil et dans laquelle il attaquait le mariage civil « comme un attentat à l'article de la Constitution établissant que la religion catholique est la religion de l'Etat, et comme une infraction aux prescriptions du concile de Trente, que les lois du royaume ont toujours admises comme obligatoires. » De leur côté, le comte de Thomar, le marquis de Fronteira et la majorité des conservateurs se maintenaient dans une attitude expectante.

Sur ces entrefaites, un événement d'une certaine gravité vint préoccuper les esprits. Peu de temps après le retour du roi à Lisbonne, le général Juan Prim avait levé, à Aranjuez, le drapeau de l'insurrection militaire, et 400 ou 600 hommes des troupes rebelles, ne pouvant tenir tête aux troupes du gouvernement, étaient entrés en Portugal. En même temps parut à Lisbonne, où Prim s'était réfugié, un manifeste ayant pour but de provoquer la nation portugaise à s'associer aux efforts et aux destinées futures de l'Espagne. Mais cet appel à la fusion des deux peuples ne trouva pas d'écho dans la Lusitanie, et les Cortès, sous le coup d'une émotion profonde, sollicitèrent le ministère « de constater par tous les moyens en son pouvoir, non-seulement aux yeux de l'Espagne, mais encore à ceux de l'Europe entière, que les Portugais entendaient et voulaient demeurer Portugais. »

« Sans doute, disait M. Silveira à la Chambre des députés, dans la séance du 8 janvier, les fastes de l'Espagne contiennent des pages brillantes, mais l'histoire du peuple portugais n'est pas moins riche en faits historiques. Nous désirons des relations commerciales étroites avec l'Espagne, mais pas de fusion politique; l'amour de la patrie, enraciné dans nos cœurs, ne nous permet pas de faire d'autres vœux.

« *Le ministre de la justice* (seul ministre présent à la

Chambre). Je crois que, touchant la question de l'indépendance nationale, il ne peut y avoir ici deux opinions.

« *M. Pinto Coelho* (l'un des membres en petit nombre du parti miguéliste dans la Chambre). Dans des circonstances comme celles-ci, il ne saurait, en effet, y avoir deux opinions, et il est du devoir de tous les partis de se ranger aux côtés du gouvernement. Si jamais l'on conspirait contre l'indépendance du Portugal, il n'y aurait qu'un seul cœur, une seule volonté pour défendre la patrie.

« La réunion du Portugal à l'Espagne ou à toute autre nation serait pour nous le plus grand des malheurs. Il est bon que l'on sache que nous ne voulons et que nous ne pouvons pas vouloir des annexions d'aucune espèce ni sous aucune forme ; sous ce rapport il n'existe en Portugal ni dissidence ni division de parti, et l'unanimité de la Chambre en est le sûr garant.

« *Le ministre de la justice.* Je n'avais pas abordé la question de l'annexion du Portugal à l'Espagne ou à tout autre pays, parce que les manifestations de la Chambre et celles qui ont eu lieu partout, excluent toute idée d'annexion; il n'y a qu'une voix en Portugal à ce sujet, et quand une nation se lève comme un seul homme en faveur de son indépendance et de sa nationalité, elle ne peut avoir aucune appréhension pour son avenir.

« *M. Vieira de Castro* parle dans le même sens.

« *M. Carlos Bento.* Oui, disons-le bien haut, nous sommes Portugais et nous voulons rester Portugais ; nous sommes un peuple dont le passé est glorieux, et il est bon que partout on sache que jamais le Portugal ne renoncera à l'indépendance qui lui est si chère. Quoique notre pays ne soit pas étendu, nous avons cependant une histoire brillante, et nous avons contribué au progrès et à la civilisation du monde. Si nous ne pouvons pas exercer d'influence sur le sort des autres nations, toujours est-il que nous nous contenterons de l'honneur d'appartenir à un pays où existent toutes les conditions nécessaires pour que l'opinion publique se fasse entendre. La liberté dont nous jouissons est la véritable garantie de l'indépendance nationale; car la liberté individuelle garantit et consolide l'indépendance des nations.

« *M. Santana Vasconcellos* déclare qu'il est de ces moments où il est du devoir de tous les partis, de tous les bons patriotes, de se grouper autour des pouvoirs constitués. De même, c'est le premier devoir du gouvernement, dans des circonstances semblables, d'adopter toutes les mesures indispensables pour faire respecter l'autonomie et l'indépendance de la nation.

« *M. Vivar* demande que des mesures soient prises pour protéger les frontières du Portugal.

« *Le général Sa Carneiro* appuie cette motion. Il se plaint de ce que l'armée portugaise n'a pas toute l'importance et toute la force qu'elle devrait avoir. Toutefois, à un moment donné, l'armée portugaise prendrait les armes pour la défense de son indépendance et de sa liberté.

« *M. Mendez Leal*, ancien ministre de la marine sous le ministère du duc de Loulé, et l'un des littérateurs portugais les plus distingués, dit : Je n'ai pas besoin de proclamer ici mes sympathies pour l'autonomie du Portugal; elles sont écrites et consignées dans tous mes ouvrages. Toutefois, cette discussion aura l'immense avantage de démontrer à l'Europe qu'en ce qui touche l'indépendance de la nation, il ne peut y avoir ici qu'un seul sentiment. Je déplore les événements qui se passent en Espagne, et je ne crois pas qu'il m'appartient en ce moment de les commenter. Mais je dois dire au noble député qui tout à l'heure déplorait l'organisation militaire du Portugal que ce ne seraient pas les imperfections de cette organisation qui pourraient exercer de l'influence sur la marche des événements. Dans un tel cas (Dieu veuille nous en préserver!), dans ce cas improbable, la nation entière se ferait l'armée.

« Le Portugal est habitué à improviser des soldats en face de l'ennemi, et si nous l'avons fait à des époques de luttes civiles toujours regrettables, à plus forte raison le ferions-nous dans l'intérêt de la cause sacrée qui est la cause de tous sans distinction. Si pour notre indépendance venaient à surgir des périls que je n'aperçois pas, nous serions tous soldats. Le patriotisme sait inspirer à un pays l'organisation de ses forces. Le pays deviendrait un camp. Les partis politiques de toutes nuances se grouperaient autour du gouvernement constitué, tous sous le même drapeau, sous un seul drapeau, une seule aspiration, l'amour et la défense de la terre natale! Du rang des représentants du peuple sortirait le bataillon sacré qui donnerait au pays l'exemple de l'énergie dans la lutte, de l'abnégation dans les souffrances. Heureusement nous n'aurons pas cette occasion de prouver notre attachement aux institutions et la vitalité nationale du royaume. Quoi qu'il advienne en Espagne, notre force est en nous et dans l'accomplissement de tous nos devoirs. Nos sympathies sont acquises à ceux qui souffrent et nous plaignons les victimes des dissentiments politiques, mais nos vœux ne franchissent pas la frontière. Un mot encore et j'ai fini. Une fois de plus, prouvons que nous savons être libéraux dans la lutte profonde des opinions, sans cesser jamais d'être Portugais dans les crises suprêmes du pays.

« *M. Marten Ferrao.* De grand cœur je viens m'unir aux protestations de patriotisme qui sont formulées ici, encore bien que notre nation ait moins besoin qu'aucune autre de semblables protestations, car toute la vie intime du Portugal et toute son histoire sont la représentation vive de son indépendance. La nationalité ne se discute pas, elle se sent. Notre indépendance nationale est la base fondamentale qui nous réunit tous, et nous siégeons ici en vertu de ce principe. Gardons-le dans toute son intégrité pour l'avenir. L'indépendance d'un peuple ne gît pas dans l'étendue plus ou moins grande de son territoire, elle naît d'autres conditions morales dont jouit le Portugal, de ses institutions, de ses mœurs, de sa prospérité et des traditions des siècles qui obligent les générations présentes comme elles ont obligé les générations passées. » La Chambre adopte à l'unanimité la motion de M. Mendez Leal, ainsi conçue : « La Chambre, satisfaite des explications du gouvernement, et partageant à l'unanimité les sentiments manifestés, déclare passer à l'ordre du jour. »

A la Chambre des pairs eut lieu, le 10, une séance dans le même sens, où les ducs de Loulé et de Saldanha prirent part aux débats. Mais, malgré l'ordre du jour du 8, l'incident revint sur le tapis dans la séance du 20, à la Chambre des députés, à propos des réfugiés espagnols. Le gouvernement y déclara avoir rempli à leur égard les devoirs de l'hospitalité, « tout en s'étudiant à ne pas blesser le droit des gens, qui veut que l'on n'offense pas les Etats voisins et amis. » M. Santos Silva répondit à cette déclaration ministérielle « en demandant instamment au cabinet de se montrer aussi généreux, aussi délicat et aussi affectueux vis-à-vis des réfugiés espagnols que le gouvernement espagnol l'avait été vis-à-vis des réfugiés portugais en 1844. »

Cependant, le lieutenant-colonel Campos, réfugié à Lisbonne, fut invité à quitter sur-le-champ cette capitale. Quant au général Prim, comme, dans une note en date du 16 février, adressée au ministre de l'intérieur, il avait assumé sur lui la responsabilité de la publication de son récent manifeste, le ministre, M. de Aguiar, lui répondit le lendemain : « Votre Excellence ayant, dans l'entrevue que nous avons eue aujourd'hui chez moi, déclaré assumer la responsabilité du manifeste publié dans quelques feuilles périodiques de cette capitale, sous la signature de Votre Excellence, et le gouvernement ayant reconnu que le séjour de Votre Excellence en ce pays, en considération dudit document, est contraire aux relations internationales et de voisinage bien entendu vis-à-vis d'une nation amie, je remplis en conséquence le pénible devoir de signifier à Votre Excellence que le gouvernement espère que vous profiterez de la première occasion qui vous sera offerte de quitter le territoire portugais, et je regrette que les considérations exposées dans la note de Votre Excellence n'aient pas été de nature à détruire les bases de cette résolution bien arrêtée.

« Dieu garde Votre Excellence. »

La presse portugaise ne pouvait qu'approuver la mesure du ministre de l'intérieur vis-à-vis du général Prim, à qui elle reprochait « d'avoir inséré des passages imprudents dans son manifeste. » Les Cortès furent, à leur tour, l'écho de l'opinion publique, en votant un ordre du jour favorable au gouvernement ; résolution prévue, car il n'était pas possible de compromettre l'existence du ministère sur une question de cette nature et en face du manifeste du comte de Reuss. En cette circonstance, l'attitude du Portugal fut digne d'éloges ; il se montra à la fois énergique dans ses protestations contre toute idée de fusion avec l'Espagne ; attentif à remplir ses devoirs de bonne et loyale amitié vis-à-vis d'un pays voisin ; humain à l'égard des réfugiés.

X

SITUATION FINANCIÈRE ET INDUSTRIELLE

Un moment distraites, par l'incident que nous venons de raconter, des intérêts vivaces de la politique intérieure, les Cortès reportèrent toute leur attention sur l'étude de la question financière, — éternel écueil des gouvernements, et, particulièrement, du gouvernement portugais. « Les embarras financiers du Portugal, dit un économiste, ne sont ni récents ni cachés, et le gouvernement qui les supporte aujourd'hui est loin d'en être le principal auteur. En 1836, sans admettre les réclamations des créanciers du dernier régime, il dut reconnaître une dette consolidée de 54,087 contos en capital, sur lesquels 40,682 contos formaient la dette extérieure et 13,405 contos la dette intérieure (1). Le budget de la même année n'offrait qu'une recette présumée de 9,491 contos, pour faire face à une dépense prévue de 13,077 contos. On avait espéré que la vente des biens du clergé, sécularisés en 1834, éteindrait une notable partie de la dette; mais ces ressources se fondirent sans grand profit. La révolution de 1851, qui mit fin à la discorde intérieure, eut pour conséquence de vigoureuses mesures financières,

(1) Le conto vaut au cours 5,500 francs, ce qui donne une dette de 297,478,500 francs.

qui dissipèrent les difficultés les plus pressantes, sans amener toutefois l'équilibre. Tous les ministres qui, depuis l'avénement du régime constitutionnel, passèrent aux finances, ont essayé, par divers procédés, d'atténuer cette inégalité dangereuse. En 1845, M. Costa Cabral avait proposé de remplacer les différents décimes et leur surcharge en taxes additionnelles et accessoires par trois impôts réguliers : un impôt foncier, un impôt sur l'industrie et une contribution personnelle. Mais les mécontentements excités par les ennemis du ministère, amenèrent sa chute, en 1846. En 1852, le duc de Saldanha, pendant sa dictature, reprit le projet d'impôt uniforme, calculé sur la moyenne du revenu net pendant une période triennale. L'application en fut arrêtée par les difficultés que rencontra la junte de répartition, à cause du manque de cadastre. »

En 1866, la situation était encore loin d'être satisfaisante, et les recettes, bien qu'elles augmentassent, ne pouvaient suffire à la fois aux dépenses ordinaires et extraordinaires et au paiement des arrérages de la dette, encore moins de faire espérer l'amortissement progressif de la dette elle-même. C'est ce qui ressort des documents officiels.

Le 2 février, le ministre des finances, M. de Fontes Pereira de Mello, présenta à la Chambre des députés, conformément à l'article 13 de l'acte additionnel à la Charte de la monarchie, le budget des recettes et des dépenses de l'Etat pour l'exercice 1866-1867. La recette devait être de 15,880 contos 635,189 reis (95,280,000 francs environ). Les dépenses ordinaires et extraordinaires étaient évaluées à 21,127 contos 144,876 reis (126,763,000 francs environ). Le déficit était donc de 5,247 contos 509,687 reis (32,280,000 francs).

Ce déficit devait être atténué par diverses mesures (suppression de l'amortissement de la dette extérieure, etc.) qui le réduisaient à environ 5,000 contos. Le ministre signalait néanmoins, comme devant l'augmenter, la nouvelle législation sur les vins et sur la consommation des liqueurs alcooliques dans la ville de Porto. Ces lois satisfaisaient, il est vrai, les intérêts commerciaux du pays, mais elles affectaient, dans une certaine proportion, la recette publique. Le déficit pouvait donc être évalué à 5,145 contos. Le ministre faisait observer que la puissance des forces productives de la nation, l'accroissement de recettes, notable chaque année, le zèle des pouvoirs publics pour l'amélioration de la situation économique, devaient amener l'équilibre prochain du budget, sans qu'il fût nécessaire d'augmenter les charges des contribuables et de grever l'avenir. Quant à présent, pour faire face à l'état de choses, le gouvernement comptait sur deux importantes ressources : 1° la recette provenant de la mise à exécution du contrat passé avec la Compagnie du chemin de fer du Sud-Est; 2° la différence que devait produire, au bénéfice du trésor, la consolidation de la dette flottante avec garantie. Cette dernière opération devait rapporter 1,120 contos (6,720,000 francs); la somme que devait fournir la Compagnie du chemin de fer du Sud-Est s'élevait à 2,978 contos 688,000 reis (environ 17,800,000 francs), ce qui produisait un total évalué à 4,098 contos 688,000 r., somme presque égale au déficit.

Le ministre espérait qu'à l'aide de cette ressource extraordinaire le gouvernement pourrait faire face à toutes ses dépenses, sans créer de nouveaux titres, sans augmenter sa dette flottante et sans recourir à de nouveaux impôts jusqu'au mois de janvier 1867, c'est-à-dire jusqu'à l'ouverture de la nouvelle session législative, époque où il proposerait ce qu'il jugerait indispensable, d'après les circonstances.

Dans la discussion générale, MM. Vasconcellos et Carlos Bento présentèrent quelques objections sur divers points du budget; M. Vasconcellos, particulièrement, trouvait le chiffre du déficit annuel inférieur à la réalité; un autre député, M. Santos e Silva, jugeait exagérées les appréciations du gouvernement. De son côté, le ministre persista à affirmer que le déficit pouvait être comblé, mais par les ressources combinées de l'économie, de l'impôt et du crédit, impuissantes isolément, et se déclara décidé à ne point suivre le système des administrations qui l'avaient précédé et qui avaient annuellement recours à la création de nouvelles inscriptions pour faire face au déficit. Il ajouta que toute la vérité avait été présentée au pays dans le tableau du budget, mais qu'il n'y avait pas lieu de s'en inquiéter, si la Chambre était aussi décidée que le gouvernement à entrer dans un système d'économie et de mesures prudentes. « Si l'on suit cette voie, dit-il en terminant, la question financière sera bientôt résolue. »

En même temps que le Parlement était appelé à concourir à la solution des difficultés de la situation des finances de l'État, le roi recevait du conseil municipal

13

de Lisbonne un mémoire sur celle des finances de la capitale (5 mai). D'après ce travail, les recettes locales étaient insuffisantes, et il y avait urgence à remédier à un état de choses qui entravait l'exécution de projets nécessaires à la salubrité et à l'embellissement de cette ville. La municipalité considérait, en effet, comme indispensable d'entrer dans la voie des modifications que l'intérêt général réclamait. Mais elle ne pouvait y faire face avec ses ressources actuelles : la moyenne des recettes des trois dernières années avait été de 353 contos de reis (environ 2 millions de francs), somme toujours excédée par la dépense, et avec laquelle il était impossible de subvenir aux mesures de première nécessité. Aussi, dans le budget que le Conseil proposait pour 1866-67, avait-il cru devoir élever le chiffre des dépenses présumées à 504 contos (3 millions). Pour obtenir une recette égale, il demandait au gouvernement 160 contos (environ 1 million), sur le produit des douanes de Lisbonne.

Il est juste, d'ailleurs, de constater que la transformation continuelle des conditions économiques, née des progrès de l'industrie et du luxe chez toutes les nations, a nécessairement dérangé l'équilibre des budgets par l'accroissement rapide des dépenses, sans la compensation de nouveaux moyens de recettes équivalentes. L'économie est plus facile en théorie qu'en pratique ; l'impôt exagéré mécontente ; le crédit a des limites. Ce n'est donc pas toujours à l'imprévoyance des gouvernements qu'il faut s'en prendre des crises financières, mais au courant irrésistible des événements qui les entraîne, malgré l'honnêteté de leurs intentions, vers l'abîme du déficit. Toujours aux prises avec les difficultés financières, le Portugal n'en est pas moins arrivé, aujourd'hui, à une résurrection industrielle, grâce aux efforts incessants du gouvernement, secondés par le maintien de la tranquillité publique. Le nombre des fabriques, extrêmement restreint, s'est accru rapidement; les machines à vapeur se sont multipliées, et de Lisbonne à Porto, centres jusque-là presque uniques, se sont répandues dans la plupart des villes du royaume. Vers 1865, c'était à Lisbonne une véritable fureur, une fièvre de spéculations financières, d'exploitations de toutes sortes. On ne parlait que de demandes de concessions pour de nouveaux chemins de fer, pour des institutions de crédit, pour des établissements industriels, pour des lignes de bateaux à vapeur, pour des colonies à fonder en Afrique. Le traité de commerce, signé entre la France et le Portugal, le 11 juillet 1866, a porté une atteinte énorme au commerce anglais; si bien que le royaume est en voie d'échapper à son influence exclusive. Renonçant à l'ancienne et fatale habitude de fabriquer lui-même, et faisant tomber tout obstacle à la libre concurrence, l'État arrivera certainement, sous peu d'années, à rendre une situation honorable à l'industrie portugaise. Le décret du 11 avril 1865, relatif à l'admission des céréales étrangères jusqu'au commencement de 1866, a été un premier pas heureux dans cette voie de la liberté commerciale. Cette question de l'importation des céréales, revenue sur le tapis lors de la discussion du budget de 1866-67, fut l'objet de discussions intéressantes entre les partisans du système prohibitif et ceux de la liberté du commerce. Le Portugal, qui ne peut produire une assez grande quantité de céréales pour son alimentation, avait toujours dû recourir, de 1856 à 1865, aux marchés étrangers.

Depuis le décret du 11 avril, l'importation a été de 48 millions de kilogrammes, représentant une valeur de 2,240 contos (environ 15 millions de francs), et les droits perçus par l'Etat se sont élevés à 370 contos (2 millions 220,000 francs). Or, en 1866, le gouvernement présenta aux Chambres un projet de loi pour confirmer les dispositions du décret du 11 avril; car il était essentiellement partisan de la liberté commerciale, comme il le prouva, dans la même session, à propos du projet de loi sur la liberté du port de Madère, pour les vins du continent. Quoiqu'il n'eût pas pris l'initiative de ce projet, il y était favorable. On se souvient que le principe de la liberté de commerce des vins du Douro avait été récemment converti en loi de l'Etat. Madère avait encore une législation exceptionnelle, et le gouvernement était d'avis que cette législation dût disparaître. On ne se trouva pas cependant, pour cette question, en présence d'une parfaite unanimité de l'opinion publique, comme pour celle des vins du Douro; il existait toujours à Madère un certain nombre de partisans de la législation en vigueur. Sans doute cette considération fit hésiter la Chambre, qui accueillit, avec l'assentiment du ministre des finances, une proposition d'enquête; mais il demeura entendu que cet ajournement était limité à la prochaine session législative.

Parmi les progrès industriels qui marquent la régénération du Portugal, il faut placer en première ligne les moyens de communications entre les provinces et les villes, dont le manque absolu paralysait le développement agricole et manufacturier du royaume. « Le vieil et poétique équipage des mulets et des muletiers, dit l'auteur d'une excellente étude sur *le Portugal et ses réformes économiques* (1), est encore indipensable pour voyager dans l'intérieur. Il faut, pour transporter ses bagages à travers des chemins incertains, de lourds chariots traînés par des bœufs, et le plus souvent des guides pour ne pas s'égarer. C'est à l'avénement du gouvernement constitutionnel que le Portugal doit les premiers travaux de viabilité publique. En 1845 s'organisa la Compagnie des travaux publics, qui prit envers l'Etat l'engagement d'exécuter les routes qui lui seraient indiquées. Elle employa jusqu'à onze mille ouvriers et construisit des chaussées de Porto à Braga, de Lisbonne à Cintra, et plusieurs sections de la route projetée de Lisbonne à Badajoz. En 1852 fut créé, au ministère, le nouveau département des travaux publics, et des lois de 1850 et de 1854 posèrent les principes de tout un système de communications nouvelles au moyen de chemins de fer, de routes ordinaires et de l'amélioration des voies navigables.

« Au commencement de 1852, quatre-vingt-douze lieues de bonnes routes et dix-sept ponts importants étaient construits. Vingt-quatre lieues de route et vingt-huit ponts étaient en construction. En 1859, un Français, M. Charles Langlois, obtenait l'entreprise de 693 kilomè-

(1) M. Arnold Henryot.

tres de routes de première et de seconde classes, qui furent terminées en 1863 et coûtèrent au Trésor environ quinze millions de francs.

« La construction des chemins de fer suivit de près celle des routes, et l'on peut dire qu'au début, non-seulement le gouvernement ne marchanda pas les concessions, mais les poussa même au delà de ce que comportait sa situation financière. Il garantit aux entrepreneurs anglais du chemin de Lisbonne à Santarem 6 0/0 d'intérêts, plus 1 0/0 d'amortissement, une prime de 3 0/0 pour l'ouverture de chaque section et l'immunité d'impôts pour vingt ans ; en outre, il permit l'importation en franchise du matériel de construction et des machines, et s'engagea à fournir gratuitement les terrains et les bois sur les domaines de l'Etat que traverserait le chemin. Cette ligne a été rachetée et est aujourd'hui la propriété de l'Etat. Quoi qu'il en soit, je ne sache pas qu'un gouvernement ait jamais fait conditions plus avantageuses à une compagnie industrielle. — Les embarras financiers, les changements fréquents de ministères, les incertitudes et les tâtonnements de l'inexpérience, ne permirent pas de marcher aussi rapidement qu'on aurait dû l'espérer ; néanmoins, à l'heure qu'il est, d'excellents résultats sont obtenus. Le chemin de fer de l'Est ou de Lisbonne à Santarem se bifurque à Torres-Novas : un embranchement file vers le nord jusqu'à Porto, passant par Coïmbre ; l'autre, vers l'est, par Abrantès et Portalègre, jusqu'à Badajoz, où il rencontre la ligne espagnole. Une autre ligne (celle du Sud), partant de Lisbonne ou plutôt de Barreiro, sur la rive gauche du Tage, est entièrement terminée jusqu'à Beja dans l'Alemtejo, avec un embranchement sur Sétubal et un autre sur Evora. Cette ligne sera certainement poursuivie de Beja jusqu'à l'Algarve, pour desservir tout le Midi. Outre ces artères principales du réseau portugais, il faut citer la petite ligne de Lisbonne à Cintra, qui n'a que 28 kilomètres et ressemble assez aux chemins de Paris à Versailles, Cintra étant à Lisbonne à peu près ce que Versailles est à Paris. Enfin, le chemin de fer américain d'Alemquer à la gare de Carregado, station de la ligne de l'Est.

« A ne considérer que la carte, les trois grands fleuves qui traversent le Portugal et les rivières nombreuses qui l'arrosent semblent capables de suppléer à l'insuffisance des routes et des chemins de fer. — Il n'en est rien. — La prodigieuse accumulation des sables que l'incurie des siècles a laissés se former, les barres énormes qui se trouvent aux embouchures rendent inutiles ces moyens naturels de communication. — Les voies fluviales sont devenues très imparfaitement navigables, et cet état a été l'une des principales causes de l'isolement complet de l'Espagne et du Portugal, en dépit de leur voisinage et de leur communauté d'intérêts. — Le gouvernement a dès longtemps tourné vers ce côté sa sollicitude, et des travaux de canalisation et de drainage ont été exécutés dans les limites imposées par la pénurie du trésor. Voici d'ailleurs quelques chiffres empruntés au budget du ministère des travaux publics, du commerce et de l'industrie, pour l'exercice 1868-69, qui parlent d'eux-mêmes, et prouvent des efforts sérieux d'amélioration.

	milreis.	francs.
« Les dépenses ordinaires de ce département s'élèvent à	1,114,392	6,118,156
« Les dépenses extraordinaires à	1,920,000	10,560,000
Ensemble	3,034,392	16,678,156

« Parmi les dépenses extraordinaires figurent :

« Etudes de routes, de chemins de fer, ports et rivières.	55,000	302,500
« Réparations de routes...	30,000	165,000
« Construction de routes de premier ordre	1,000,000	5,500,000
« Subsides pour les routes municipales et ponts	225,000	1,237,500
« Encouragements à des sociétés de secours mutuels	40,000	220,000

Or, ce qui ajoute à l'importance réelle de ces chiffres et des sacrifices qu'ils révèlent, ce sont justement les difficultés de la situation financière du Portugal, « qui est aujourd'hui le seul obstacle sérieux au développement rapide de la prospérité publique. »

XI

ENSEIGNEMENT PUBLIC

Depuis le renversement du gouvernement absolu, la Lusitanie a tenu à honneur de faire marcher de front ses réformes morales avec ses réformes matérielles. Catholique comme l'Espagne, et longtemps obligée comme elle de s'appuyer sur l'Eglise pour achever l'expulsion des Maures, elle a su plus tôt s'affranchir du fanatisme religieux, et la révolution de 1834, en enlevant au clergé ses biens, en supprimant les couvents, lui ravit du même coup le monopole exclusif de l'instruction publique. Un décret, en date du 20 septembre 1844, créa deux catégories d'écoles primaires : l'une élémentaire proprement dite ; l'autre, qualifiée supérieure. Il déclara la fréquentation des écoles obligatoire pour les enfants de sept à quinze ans, dans un rayon d'un quart de lieue, sous peine d'amendes et de privation des droits politiques, pendant cinq ans, pour les parents ou les tuteurs réfractaires. En 1854, on ne comptait encore en Portugal, dit M. Minutoli, que treize cent cinquante écoles primaires et quarante-cinq mille élèves, ce qui donnait en moyenne une école pour trois paroisses et un écolier pour quatre-vingt-cinq habitants. Aujourd'hui, le nombre des écoles dépasse seize cents et celui des élèves soixante mille.

Il y a donc une incontestable amélioration, due non-seulement aux efforts du gouvernement, mais surtout au progrès du bon sens public.

L'instruction secondaire et supérieure, quoique moins négligée que l'instruction primaire sous l'ancien régime, au temps des Jésuites et des Oratoriens, doit aussi au gouvernement actuel une réorganisation totale. Le décret de 1844 avait créé un lycée par district administratif et des écoles dites *majeures*, partout où les lycées faisaient défaut. La vieille Université de Coïmbre, qui voit chaque année grandir le nombre de ses étudiants, est en train de reconquérir son ancien éclat. « Mais ces améliorations, fort précieuses néanmoins, sont moins sensibles et moins caractéristiques que celles qui se rapportent à l'instruction populaire. Elles indiquent un esprit qui fait rarement défaut aux classes supérieures, tandis que le progrès de l'instruction primaire est le signe certain du réveil intellectuel et moral du peuple entier. »

Outre les écoles primaires, les lycées de district, les écoles majeures et l'enseignement supérieur de Coïmbre, on compte en Portugal un nombre assez considérable d'écoles particulières entretenues par des donations et des fonds spéciaux, parmi lesquelles il faut noter l'École modèle du palais de Mafra, fondée et entretenue aux frais du roi D. Pedro V ; l'Académie polytechnique de Porto et l'Ecole polytechnique de Lisbonne qui, pour la force des études, paraît être en Portugal le premier établissement de ce genre. Il faut encore citer l'Académie des Beaux-Arts et le Conservatoire royal de musique, qui est en même temps, comme à Paris, une école de danse et de déclamation.

L'enseignement mutuel est, depuis quelques années, fort en honneur et fait déjà pressentir les plus heureux résultats. Grâce à la liberté de réunion, des associations ouvrières se sont formées dans les grandes villes et poursuivent un but d'organisation collective du travail, d'instruction et d'améliorations de toutes sortes. L'union syndicale des ouvriers typographes de Coïmbre a donné l'exemple en 1849, et, depuis, le nombre de ces sociétés va toujours croissant.

Complètement libre, comme on l'a vu, du joug clérical dans la question de l'enseignement public, le Portugal essaya, en 1866, de s'affranchir également de la suprématie de l'Eglise, dans la question du mariage, en le soumettant à la sanction de la loi civile. D'une part, la commission du code considérait que le mariage civil et le mariage religieux devaient être valables et que le choix pouvait être laissé à la conscience des individus. D'autre part, le gouvernement ne semblait pas entrer dans le même ordre d'idées et désirait, au contraire, maintenir le mariage religieux, seul valide pour les catholiques. On se rappelle la lettre que le maréchal de Saldanha avait adressée dans ce sens, en 1865, au président du Conseil, et l'on paraissait tenir compte de l'autorité de son opinion sur une affaire que les divers partis regardaient comme de premier ordre, et qui, de part et d'autre, était discutée avec une égale ardeur.

A voir ainsi le Portugal secouer chaque fois la poussière des vieux préjugés, et ne reculer devant aucune des réformes que lui permet d'accomplir le jeu régulier du système constitutionnel, on le sent maître désormais de ses destinées, parce qu'il s'appuie sur la liberté pour marcher hardiment à la tête du mouvement progressiste. « C'est qu'il n'y a plus en présence que des hommes désireux du bien public dans le sens le plus libéral; que les anciens partis, chartiste, septembriste ou autres, se sont fondus en un seul, qui est le grand parti national; que les dissidences qui existent entre les hommes politiques ne sont que des dissidences de *procédés*, et que l'opinion publique est respectée et maîtresse. »

XII

POLITIQUE EXTÉRIEURE

Dans le milieu du mois de mai, le cabinet dut subir encore quelques modifications : M. le comte de Castro fut remplacé au ministère des affaires étrangères et des travaux publics par M. Casal Ribeiro, orateur distingué, pair du royaume et ancien ministre dans le cabinet présidé par le maréchal de Saldanha. Les autres changements furent la réunion provisoire de l'administration de la guerre à celle des finances, et la nomination de M. Martens Ferrao, député connu depuis longtemps par son habileté de parole et ses principes conservateurs, au ministère de l'intérieur (*do Reino*), que M. d'Aguiar s'était réservé à l'origine, et qu'il préférait remettre en d'autres mains en restant sans portefeuille.

M. d'Aguiar exposa en peu de mots devant la Chambre des députés la politique du nouveau cabinet. Tout en déclarant que l'état de sa santé l'avait contraint à prier le roi de le décharger du portefeuille de l'intérieur, il fit observer que son maintien à la présidence indiquait suffisamment la persistance de Sa Majesté dans la même ligne de conduite : le programme du ministère restait le même qu'au moment de sa formation en septembre de l'année précédente, et M. d'Aguiar exprimait l'espoir que ce programme, approuvé par la Chambre à cette époque, obtiendrait encore son appui.

M. Casal Ribeiro prit ensuite la parole, et, après avoir, en ce qui concernait l'attitude du nouveau cabinet, confirmé le langage de M. d'Aguiar, il dit que, comme ministre des affaires étrangères, il se bornerait à suivre une politique exclusivement portugaise, sans chercher à mêler le pays aux agitations qui pourraient survenir dans d'autres parties de l'Europe, et que, comme ministre des travaux publics, sa sollicitude se porterait en particulier sur les routes et les chemins de fer, en suivant un plan général nettement déterminé qui donnait la première place aux travaux les plus urgents.

Le ministre de l'intérieur exposa, à son tour, ses vues spéciales sur les principales questions que son département était appelé à résoudre. Il déclara nécessaires une vaste réforme administrative, le développement de la vie locale, l'exécution prochaine du désamortissement, la généralisation de l'instruction primaire et l'amélioration, en quelques points, de l'enseignement secondaire et supérieur.

En somme, d'après les déclarations du cabinet, sauf quelques modifications de détail, sa politique générale restait la même. Le nouveau ministère représentait moins complétement le parti de la fusion; mais au fond il marchait dans les voies de celui qui l'avait précédé. On remarqua toutefois que les adversaires du mariage civil avaient lieu de se féliciter de ces changements; car M. Martens Ferrao passait pour opposé à cette grande mesure. Du reste, le cabinet avait devant lui d'importantes questions à résoudre, indépendamment du code civil: c'étaient les difficultés avec la cour de Rome, les contrats à passer avec diverses compagnies pour des entreprises de chemins de fer et autres travaux industriels, enfin et surtout la situation financière, aggravée par le défaut de diverses rentrées au Trésor. Ces rentrées étant absolument nécessaires aux dépenses de l'année courante, il fallait suppléer à ce déficit imprévu.

Le 8 juin, le cabinet présenta à la Chambre des députés un projet de loi autorisant le gouvernement à émettre des titres de la dette consolidée intérieure et extérieure, jusqu'à concurrence de la somme de 6,500 contos (35 millions de francs), pour être appliquée aux dépenses ordinaires et extraordinaires des exercices 1865-66 et 1866-67. Le projet de loi fut approuvé, tel qu'il avait été soumis par la commission de la Chambre, d'accord avec le gouvernement.

Peu de jours après, le ministère se compléta par la nomination de M. de Andrade Corvo, député, au département des travaux publics, séparé par un décret récent du département des affaires étrangères; ce dernier portefeuille avait été confié, dans la modification ministérielle du mois de mai, à M. Casal Ribeiro, qui développa les principes politiques du cabinet dans une dépêche adressée aux agents portugais à l'extérieur. Le ministre y exprimait le désir de voir s'étendre de plus en plus les relations commerciales du Portugal, et se resserrer encore ses bons rapports avec les autres nations. En présence des événements qui agitaient à ce moment l'Europe, il déclarait que le cabinet entendait conserver la neutralité la plus absolue, puisque la dignité, le droit et les intérêts du Portugal ne pouvaient se trouver compromis. Quant à M. de Andrade Corvo, il se borna, dans la première séance où il se présenta devant la Chambre des députés comme membre du cabinet, à faire acte d'adhésion aux principes politiques du gouvernement, et à indiquer les réformes qu'il se proposait d'introduire dans plusieurs services.

En parlant « des événements qui agitaient l'Europe, » M. Casal Ribeiro faisait allusion au conflit austro-prussien.

Les Cortès n'avaient point dissimulé leur émotion à ce sujet, et dans la séance du 23 mai de la Chambre des députés, M. Sa Carneiro interpella le ministre de la guerre en termes pressants : « La condition de l'Europe est critique, dit-il, et il est à craindre qu'elle ne s'aggrave. C'est aux autorités supérieures à veiller dès lors, avec sollicitude, au maintien de notre autonomie. Assurément, je ne tremble pas aujourd'hui pour notre indépendance, que je ne vois pas menacée; mais ma confiance en sa conservation n'est pas illimitée.

« En admettant l'hypothèse d'une agression dirigée contre nous, il n'est pas possible de décliner d'entrer dans l'analyse des moyens de défense que nons avons pour repousser toute agression.

« Les représentants de la force des nations sont les armées de terre et de mer. Je ne parle pas ici des forces de mer, dont le tableau n'a été malheureusement que tracé sous des couleurs bien sombres par M. Teixeira de Vasconcellos, je ne veux m'occuper qne de l'armée de terre. Notre armée n'a pas ce qu'on appelle une réserve, ce qui équivaut, en cas de revers, à laisser le pays complétement à la merci de l'ennemi, et en cas de victoire, à n'avoir pas même les moyens d'en recueillir les fruits. De plus, nos soldats sont mal armés, mal organisés ; ils n'ont pas d'instruction pratique, pas d'ambulances, pas de tentes de campement.

« La véritable force est l'infanterie, qui s'est battue partout; mais notre infanterie, malgré la bravoure dont elle a fait preuve dans tous les combats où elle s'est trouvée, et surtout à la bataille de Vittoria, où elle avait mérité de Wellington le titre de la meilleure infanterie du monde; à celle de Wagram, où elle reçut les éloges du général Oudinot, et à celle de Smolensk; malgré tous ces titres, notre infanterie n'a pas d'instruction pratique et régulière ; elle n'a pas été exercée à l'arme de la baïonnette. Je ne dirai rien de l'artillerie, on en a déjà suffisamment parlé dans d'autres occasions. Tout le monde sait ce qu'est notre cavalerie : nous n'avons pas de chevaux, et ceux que nous avons sont mal équipés.

« D'ailleurs, notre arsenal n'a pas été disposé ni entretenu de manière à fournir l'équipement et l'armement dont nos soldats ont besoin. Dans ces circonstances, comme il importe que notre arsenal puisse être mis en état de fournir des armes à la troupe, je demanderai au ministère de la guerre de faire venir de l'étranger 15,000 ou 20,000 fusils. On pourrait employer à cet usage l'argent des remplacements. Je fais observer, en outre, qu'il y a peu de commandants de nos corps de troupes qui seraient capables de soutenir les fatigues d'un dur service de campagne; que nos généraux ont déjà fait pour la patrie tout ce qu'ils pouvaient faire, et que les hommes que l'on pourrait mettre à la tête d'opérations actives ne connaissent pas le pays.

« En conséquence, je prie M. le ministre d'envoyer des officiers supérieurs dès à présent étudier les lignes de communications et celles d'opérations.

« Comme il importe qu'il soit voté une somme annuelle pour dépenses de fortifications, je demanderai à M. le ministre de donner des ordres pour que l'on commence des études relativement aux fortifications de Lisbonne et de Porto, et surtout de la barre de Lisbonne. Ce dernier chapitre surtout n'est pas dispendieux.

« J'espère enfin que M. le ministre présentera des mesures convenables dans le but de mettre l'armée sur un meilleur pied, et de garantir l'indépendance du pays, si par malheur il venait à être attaqué, ce qui n'est pas présumable. »

A la Chambre des pairs, à l'occasion du vote du projet de loi qui fixait à trois mille cinq cents le nombre de recrues pour l'année 1866-67, un membre de la Chambre appela également l'attention de ses collègues sur l'état de l'armée et des forteresses ; mais le ministre de la guerre répondit que la situation des finances ne permettait pas de contracter de nouveaux emprunts pour entreprendre des travaux de défense, et le ministre des affaires étrangères répéta « que la politique de cordialité que le Portugal entendait suivre vis-à-vis des autres nations était la meilleure manière de faire respecter son indépendance. »

Déclaration que confirma péremptoirement le roi, dans le discours de clôture de la session législative, en disant « que le Portugal, devant les difficultés actuelles de l'Europe, se préoccuperait uniquement du soin de sa tranquillité intérieure (17 juin). »

L'allocution royale résumait en même temps, comme d'habitude, la situation politique des six premiers mois de l'année qui comprenait, entre autres : « le traité de délimitation avec l'Espagne ; — le désamortissement des biens de mainmorte ; — la loi sur la presse ; — la convention postale entre la France et le Portugal, et la convention entre le Portugal, le Brésil, la France, la République d'Haïti et l'Italie, pour l'établissement d'une ligne télégraphique internationale, destinée à relier le continent européen à l'Amérique ; — la convention entre le Portugal et l'Autriche, la Belgique, l'Espagne, les Etats-Unis, la France, la Grande-Bretagne, l'Italie, les Pays-Bas et la Suède d'une part, et le Maroc de l'autre, relativement à l'établissement et à l'entretien d'un phare sur le cap Spartel ; — le vote du budget, etc. »

Le traité de délimitation et la loi de désamortissement

étaient deux actes particulièrement sollicités par l'opinion publique.

Depuis longtemps, l'absence de démarcation définie sur certains points de la frontière amenait des désordres parmi les populations limitrophes, et les deux gouvernements avaient également à cœur d'éviter pour l'avenir le renouvellement de ces conflits. Un traité était nécessaire pour parvenir à ce résultat : les plénipotentiaires du Portugal furent le duc de Loulé, alors président du Conseil et ministre des affaires étrangères, et le conseiller Jacinte da Silva Mengo ; ceux de l'Espagne étaient Don Jimenes de Sandoval, marquis de la Ribera, envoyé extraordinaire de la reine Isabelle à Lisbonne, et Don Facundo de Goni, son ministre résident près la cour de Portugal. A la suite de longs travaux, ces plénipotentiaires parvinrent à tracer d'un commun accord une ligne de frontière qui mit un terme aux difficultés existantes. Le texte du traité ne comprend pas moins de trente articles et indique dans le plus grand détail la nationalité précise des divers points qui pouvaient être l'objet d'un doute.

Un autre sujet de querelle pour le pays était la question des corporations religieuses. La loi du 4 avril 1861 avait posé le principe du désamortissement des biens appartenant aux couvents et aux corporations religieuses. La loi de 1866 étendit ce principe et en fixa l'application dans un délai de six mois ; tous les biens de mainmorte possédés par les établissements de piété ou de bienfaisance, nationaux ou étrangers, durent être vendus aux enchères, et leurs propriétaires recevoir en échange des titres de rente 3 0/0. Naturellement, il fut défendu à toute corporation d'acquérir à l'avenir aucuns biens territoriaux, à titre onéreux, sous peine de confiscation au profit du Trésor.

Le ministère des travaux publics n'était point en arrière de cette activité imprimée aux affaires d'un pays qui réclame avant tout la possession de moyens de transport et de voies de communication avec sûreté et facilité ; car de la satisfaction de ce besoin actuel dépend le progrès administratif du Portugal. Une mesure importante, qu'il est bon de mentionner dans cet ordre d'idées, c'est une convention, dont le but était de faciliter les communications commerciales entre l'Espagne et le Portugal. Signée à Lisbonne le 27 avril 1866, les ratifications en furent échangées dans la même ville le 12 juillet. Les négociations qui aboutirent à ce traité furent longues et difficiles. On avait d'abord songé à une convention spéciale pour la navigation du Douro ; mais ce premier projet ne put réussir, tant il était malaisé de mettre d'accord les divers intérêts en présence. Pendant le ministère du duc de la Victoire, en 1856, un traité avait été signé ; à la suite de difficultés nouvelles, il ne fut point ratifié, et les négociations furent même alors complétement interrompues. Reprises en 1864 sous le ministère Mon-Pacheco, elles amenèrent enfin la convention actuelle, négociée pour l'Espagne par Don Juan Comyn, ministre d'Isabelle à Lisbonne, et par Dom Antonio de Serpa Pimentel pour le Portugal.

Les deux gouvernements s'engagèrent d'abord à hâter l'achèvement du chemin de fer qui devait relier Madrid et Lisbonne par Badajoz; ils déclarèrent ensuite libre de tout droit fiscal le transit, par les voies ferrées, de toutes marchandises provenant d'Espagne, de Portugal, de leurs colonies ou de ports étrangers. Les droits de douane ne devaient être payés que pour les objets de consommation destinés à l'un ou l'autre des deux pays, et les marchandises ne point perdre leur nationalité en passant par l'un ou l'autre territoire. L'égalité absolue des pavillons espagnol et portugais fut établie sur les fleuves communs, et toute espèce de marchandise déclarée de transit put être conduite sur les navires des deux nations, d'un pays à l'autre, moyennant un droit modique d'entrepôt ou de magasinage.

Préoccupé de tous les problèmes qui intéressent au plus haut degré la civilisation moderne, le gouvernement portugais s'est attaché, depuis quelques années, à la solution de l'une des plus difficiles questions sociales, — celle du paupérisme et de la mendicité. En 1866, il prescrivit une enquête sur ce triste sujet.

Les gouverneurs civils de tous les districts du royaume furent chargés de visiter attentivement leurs diverses circonscriptions, de se rendre compte de la situation où se trouvaient les établissements de bienfaisance et de signaler les améliorations qu'ils jugeraient utile d'apporter à l'organisation de l'assistance publique. Ils devaient rechercher en même temps les causes du développement de la misère dans chaque district, le nombre des pauvres réduits à la mendicité, et les ressources dont les municipalités disposent. Le ministre désirait surtout qu'il fût possible d'étendre l'institution des crèches, et plus tard de confier les enfants élevés ainsi par la charité publique à des agriculteurs ou à des propriétaires de fabriques qui pourraient les employer dans leurs établissements et les mettre en état de gagner leur vie. Le Portugal, témoin des beaux résultats que la France a déjà obtenus, et du nombre considérable d'institutions de toute nature qui sont consacrées, chez nous, au soulagement de la misère, est entré avec résolution dans la même voie et ne peut manquer de mener à bien cette entreprise ; et ce ne sera pas le moindre des mérites du règne de Dom Luiz, le moindre de ses titres à la reconnaissance de ses sujets.

XIII

FÊTES NATIONALES

La clôture de l'exposition internationale de Porto, l'inauguration des statues de Dom Pedro IV et de Dom Pedro V, et l'anniversaire de la naissance du prince royal Carlos-Fernando, furent, en 1866, pour ainsi dire autant de fêtes nationales où Dom Luiz devait voir grandir sa popularité.

Dans les premiers jours du mois de février, le roi se rendit à Porto pour la double solennité de la clôture de l'exposition et de l'inauguration de la statue de son frère Dom Pedro V. M. Ferreira Braga, président de la commission centrale, et le vicomte de Praia-Grande, ministre de la marine, firent ressortir la pensée générale de l'exposition et les heureux résultats que l'industrie, le commerce et les arts étaient en droit d'en attendre ; le roi, après avoir exprimé sa haute satisfaction des travaux de la commission centrale, déclara « que cette première exposition internationale était un événement considérable de son règne, et qu'elle devait être regardée comme d'un heureux augure pour la prospérité du pays et le développement de son industrie. »

La fête de l'inauguration de la statue de Dom Pedro V ne présenta pas un intérêt moins grand. Le pays conserve un vif souvenir de ce souverain, mort si jeune, après avoir donné tant de marques d'intelligence politique et de zèle pour le bien public. Déjà, en 1861, avant qu'il fût question du monument actuel, des artisans de la ville avaient élevé à la mémoire de ce prince, dans la rue de Fernandes Thomar, une colonne avec une inscription qui témoignait de l'affection et des regrets populaires. Ce fut donc avec une grande satisfaction que la population de Porto accueillit l'idée d'un monument considérable qui devait, sur la principale place de la ville, rappeler les sentiments de la nation portugaise. La première pierre en fut posée le 11 juin 1862.

L'inauguration eut lieu au milieu d'un très grand concours de population. Le président de la commission de la statue et le gouverneur civil y prononcèrent des discours auxquels Dom Luiz répondit en remerciant les artistes de Porto, par quelques paroles émues et chaleureusement accueillies, de leur pieux hommage à la mémoire de son frère, et de la médaille qui devait perpétuer le souvenir de cette fête.

Une autre solennité du même genre rappela le prince à Porto, au mois d'octobre. Cette ville, qui semble tenir à honneur d'avoir l'initiative des manifestations durables de l'affection publique pour les meilleurs souverains du Portugal, avait songé, cette fois, à ériger une statue équestre à la gloire de Dom Pedro IV.

Le pays considérait comme un devoir ce témoignage de gratitude donné au prince, dont le courage et la persévérance ont conservé la couronne à son auguste fille, Dona Maria II. La statue — qu'on nous pardonne un petit mouvement de vanité nationale — était encore l'œuvre d'un artiste français, M. Calmels, élève de Pradier. On se souvient, en effet, que MM. Davioud et Elias Robert, nos compatriotes, ont remporté le prix pour la composition du monument, érigé à Lisbonne, en l'honneur du même souverain.

Dom Luiz, invité par la Chambre municipale de Porto à assister à cette inauguration, partit en grand apparat, accompagné de la reine et du roi Dom Fernando, son père. Il arriva le 19 octobre, à neuf heures du matin, à Porto, et fut reçu à la station par les autorités civiles et militaires. Les clefs de la ville lui furent présentées par le président de la Chambre municipale. Leurs Majestés avaient auprès d'Elles les ministres d'Etat, des finances, de la marine et des travaux publics. Parmi les personnages de leur suite, on remarquait le marquis de Sa da Bandeira, ancien ministre de la guerre, et le duc de Loulé. L'impératrice du Brésil, veuve de Dom Pedro, et sa sœur, l'infante

Dona Maria Isabel, s'étaient fait représenter par leurs chambellans. La garde d'honneur, placée autour du monument, était formée par les anciens compagnons d'armes de Dom Pedro, l'ex-cinquième bataillon de chasseurs qu'il commandait, et les volontaires de la reine, tous avec les uniformes du temps et leurs vieux drapeaux. Après l'allocution du président de la Chambre municipale, sur la satisfaction qu'éprouvait la ville de Porto en recevant Sa Majesté dans ses murs, et quelques paroles de remercîment prononcées par le roi, le cortége se dirigea vers l'église de Lapa, où fut chanté un *Te Deum;* de là, il se rendit sur la place Dom Pedro, où s'élève la statue, dont la première pierre avait été posée en 1862. Alors, dans un discours adressé au roi, le président de la Chambre municipale rappela les événements dont Porto a été le théâtre et le point de départ pour arriver à cette régénération politique et libérale qui répond si heureusement aujourd'hui aux vœux et aux espérances du pays. Puis, évoquant les inspirations patriotiques auxquelles était due l'érection du monument :

« Porto, dit-il, boulevard de la liberté et type parfait du plus ardent amour pour ses souverains légitimes ; Porto, où chaque pierre rappelle un fait glorieux de l'immortel duc de Bragance qui lui légua son cœur magnanime et généreux, devait en retour, pour se montrer digne d'un aussi précieux dépôt, acquitter une dette sacrée de gratitude envers le prince qui, donnant spontanément la Charte constitutionnelle, sut rajeunir la vieille monarchie d'Alphonso Henriques et de João Ier, et perpétuer les espérances de la patrie dans l'antique et illustre maison de Bragance en faisant triompher, après des luttes héroïques, la restauration du trône de son auguste fille Dona Maria. »

A son tour, le roi s'exprima en ces termes :

« La ville de Porto élève aujourd'hui à la mémoire de mon auguste aïeul un monument qui attestera dans l'avenir la reconnaissance et les souvenirs de la patrie.

« Ces monuments auxquels la volonté des peuples confie les fastes mémorables de leur histoire, sont de nobles témoignages de respect, de gratitude et d'espérance que laissent après elles les générations qui passent et que doivent toujours respecter celles qui les remplacent, parce qu'ils rappellent sans cesse l'existence sociale et la pensée commune de ceux qui supportèrent les mêmes sacrifices et participèrent aux mêmes gloires.

« La ville de Porto, jadis le berceau de la nationalité portugaise, et plus tard le boulevard de sa liberté, consacre aujourd'hui cette même pensée avec une pompe toute solennelle.

« Le monument élevé à la mémoire de S. M. Impériale Dom Pedro IV, empereur du Brésil, roi de Portugal, duc de Bragance et régent de la monarchie, mon auguste aïeul, de glorieuse mémoire, représente le respect et l'admiration, en rappelant tout à la fois ce qu'il y a de plus glorieux pour une nation et de plus honorable pour l'homme : les efforts persévérants, la loyauté, les sacrifices, et en même temps un noble enthousiasme pour ces deux grands principes : la liberté et la monarchie.

« Ce monument, qui est là devant nous, disparaîtra

quelque jour cependant, comme a disparu l'homme illustre auquel il est consacré. Le temps, qui détruit tout, endommagera ce bronze et les marbres sur lesquels il repose.

« Ni les efforts, ni l'énergie de l'homme ne peuvent rendre quoi que ce soit éternel ; à la renommée seule il appartient de le faire.

« Mais le souvenir du roi, du législateur et du soldat se perpétuera avec celui de cette liberté dont il dota la patrie et avec le témoignage des grandes vertus civiques qui ornaient son esprit.

« Son nom est déjà passé à la postérité, inscrit qu'il se trouve sur cette liste des grands princes qui, sentant en eux cette supériorité où réside le droit de gouverner les hommes, ont su voir dans la liberté la base et le sommet de l'édifice social, et conduire fermement dans cette voie les peuples qui se confiaient à eux.

« Heureux celui qui put ainsi joindre son nom aux noms de tant d'hommes illustres et le léguer comme un honneur à ceux qui viendront après lui ! Ce nom de mon auguste aïeul résume tout ce qu'il y a de grand dans la mémoire des hommes que l'histoire signale à la renommée. Législateur, le pays lui doit le code fondamental des libertés publiques et les larges réformes qui l'ont affranchi en consolidant les libertés des citoyens. Vaillant capitaine, de glorieux faits d'armes l'ont immortalisé. Comme père, il s'est dépouillé de la couronne pour en ceindre le front de sa fille, mon auguste mère, de chère et glorieuse mémoire. Ami du peuple enfin, il lui a légué, de son lit de douleur, un fraternel embrassement qui a symbolisé l'union de la dynastie avec la nation qui est et sera son soutien.

« Dans un pays de traditions aussi glorieuses, aucun stimulant n'est nécessaire pour les grandes actions auxquelles on doit ce monument. En ce moment, il est entouré des nobles vétérans de la liberté qu'ils ont conquise avec ses efforts ; au jour du danger, tous les Portugais suivraient le même exemple.

« Porto, qui sut toujours apprécier les grandes vertus, a respecté d'un culte égal les grands hommes, qu'ils fussent heureux ou frappés par l'infortune. Près du cœur de mon auguste aïeul ont reposé les cendres du précurseur de la liberté d'une grande nation.

« Aujourd'hui, à ces expressions d'affectueux respect viennent se joindre celles de la reine, mon auguste épouse, fille du grand libérateur de l'Italie et petite-fille de ce martyr du devoir que Porto accueillit dans ses jours de malheur.

« L'harmonie et la paix, produits incontestables de la science qui civilise, de la liberté des peuples et des progrès du génie entre les fils d'une même patrie, nous offrent, à nous aussi, cet avenir prospère dont cette journée est le présage pour le Portugal.

« Porto soutient avec honneur ses nobles traditions, c'est à elle que je confie la garde de ce sympathique monument et de tout ce dont il est l'expression. »

Au moment où tomba le voile qui recouvrait la statue, de nombreux vivat retentirent : les troupes saluèrent du drapeau, les hymnes nationaux se firent entendre, et de toutes parts on acclama l'artiste français, M. Calmels, qui reçut des mains du roi, séance tenante, la croix d'officier de l'ordre de Santiago.

Leurs Majestés, après avoir signé le procès-verbal de cette cérémonie, rentrèrent au palais, au milieu des acclamations de la foule. Avant son départ, le roi fit don de 180,000 reis pour être distribués aux pauvres, somme qui venait se joindre à celle de 500,000 reis envoyée par l'auguste veuve de Dom Pedro.

Enfin, il quitta Porto dans la soirée, emportant dans son cœur un doux souvenir de cette mémorable journée. « Porto, lui avait dit la Chambre municipale, au moment des adieux, se réjouit de voir que Votre Majesté, dirigeant toujours les destinées de la nation avec autant d'intelligence que de sagesse, s'efforce de maintenir scrupuleusement et avec toute intégrité les principes consignés dans la Charte constitutionnelle de la monarchie dans l'intérêt de l'indépendance du pays et la sûreté du trône auguste de Votre Majesté. La ville de Porto ne reculera jamais devant aucun sacrifice. » C'est l'âme profondément remuée de ces précieuses et touchantes sympathies, que Dom Luiz rentra dans sa capitale, où l'amour du peuple le suivait ainsi, chaque jour, jusqu'au sein de ses joies domestiques; car cet amour avait encore éclaté récemment, à l'occasion de l'anniversaire de la naissance de son fils Carlos-Fernando. Politiquement, la stabilité de la dynastie était, il est vrai, un fait d'un trop grand intérêt, pour ne pas provoquer la sollicitude publique. Interprète, à cet égard, des sentiments du pays, la Chambre municipale de Lisbonne avait offert ses félicitations au roi. C'était, croyons-nous, le 30 septembre. La réponse royale mérite d'être conservée comme un modèle d'élévation dans les idées et de dignité dans la forme.

« Comme premier citoyen de la nation portugaise, disait-il, comme père et comme souverain, je vois avec plaisir assurée la dynastie que depuis des siècles la libre et héroïque volonté de la nation, en fondant la liberté, a placée à la tête de ses destinées. Aux périodes de grande gloire comme aux époques de grandes souffrances, le pacte national s'est maintenu inébranlable, attendu que le sort du roi ne fut jamais séparé du sort du peuple. Aujourd'hui, la reconnaissance de la liberté politique comme institution fondamentale du pays resserre ce lien et assure solidement la liberté de la patrie, attendu que l'ampleur des institutions et le dévouement civique à ces institutions constituent la base la plus sûre ou la plus permanente de l'existence libre des nationalités. La vie de famille est pour les Etats le prélude de la vie de citoyen ou de monarque. Il est de mon devoir de préparer pour la patrie un monarque digne d'elle, qui en maintienne les traditions et en poursuive l'agrandissement.

« En vue de l'accomplissement de cette grande mission, moi et Sa Majesté la reine, mon auguste épouse, nous dirigeons avec sollicitude l'éducation du prince royal, mon bien-aimé fils, nous efforçant de suivre l'exemple de Sa Majesté la reine, mon auguste mère, de douce mémoire, et de Sa Majesté le roi, mon auguste père.

« Daigne la Providence, qui forme le cœur des rois et dirige les destinées des peuples, accueillir avec bienveillance les vœux dont la municipalité vient d'être le fidèle interprète. Je prie la municipalité de Lisbonne de recevoir, avec les expressions de mon affection et de ma gratitude, celle de la sollicitude et de l'intérêt que m'inspire la prospérité des citoyens dont elle est le représentant. »

Dire que ce langage est particulièrement empreint d'un grand caractère de noble franchise n'est point une banale flatterie, mais un éloge que ratifiera la postérité.

XIV

INAUGURATION DU CHEMIN DE FER DE LISBONNE A MADRID

Nous ne saurions clore l'année 1866 sans enregistrer encore à son profit quelques faits de détail, plus ou moins importants, qui témoignent de l'ardeur du Portugal à poursuivre sa régénération politique, depuis qu'il est à l'abri des crises violentes qui, jusqu'en 1851, menaçaient à chaque instant sa sécurité intérieure et ses institutions constitutionnelles.

Les questions relatives à l'organisation de l'armée, ramenées sur le tapis par une prudence peut-être exagérée en vue des agitations de l'Europe, étaient toujours l'objet de l'attention spéciale du gouvernement. Au mois d'août, le ministre de la guerre avait établi à Tancos, dans de modestes proportions, un camp destiné à l'instruction des troupes et à de grandes manœuvres ; puis, il avait nommé deux commissions composées d'officiers de différentes armes, et chargées d'étudier à fond le sujet et de proposer les solutions qui leur paraîtraient concilier le mieux les deux intérêts qu'il s'agissait de sauvegarder, à savoir une bonne organisation militaire et l'économie nécessitée par l'état des finances. La première de ces commissions, présidée par le général Sa da Bandeira, ancien ministre, et comme tel appelé autrefois à diriger les travaux des fortifications de Lisbonne, devait s'occuper spécialement des systèmes de défense ; la seconde était chargée d'étudier l'administration intérieure de l'armée et les réformes qu'il serait bon de proposer ultérieurement aux Cortès au sujet de la législation militaire. Le ministre de la guerre pensa qu'il y avait lieu de s'occuper très sérieusement de ces divers points, et que l'état de l'armée, durant ces dernières années, était tombé dans une complète décadence ; il exposa cette situation dans une circulaire. Il ne pouvait être question, du reste, d'un remaniement absolu, les finances ne le permettaient point ; et d'ailleurs, le pays jouissait d'une trop grande sécurité pour qu'il fût nécessaire de lui imposer des charges nouvelles destinées à subvenir à des dépenses militaires considérables. N'ayant ni craintes ni projets ambitieux, le gouvernement faisait sagement de prendre ses mesures pour, à tout événement, défendre les intérêts de la nation, au cas où ils seraient menacés ; mais les trente mille hommes de l'armée suffisaient assurément à sa sécurité intérieure.

Les autres ministères, non moins actifs, s'occupaient avec un zèle louable d'améliorer quelques-uns de leurs services : le ministre des travaux publics réorganisait le corps des ingénieurs des eaux et forêts; le ministre d'Etat ordonnait une enquête sur la situation de l'instruction primaire, modifiait et étendait l'enseignement commercial fondé autrefois par le célèbre marquis de Pombal. Le département des affaires étrangères, depuis longtemps en discussion avec le saint-siége au sujet de l'Eglise portugaise dans les Indes, était sur le point de résoudre cette délicate question, et la cour de Rome avait pris, d'accord avec le cabinet portugais, les résolutions les plus favorables aux intérêts de cette Eglise. Enfin, par les soins du ministre de la marine, le musée de marine, — et ceci intéressait vivement l'histoire nationale, — s'enrichissait de quelques fragments du monument que le célèbre navigateur Bartholomeo Diaz fit élever en 1486 dans la baie d'Angra-Pequena, située presque à l'extrémité de la côte sud-ouest de l'Afrique, non loin de la colonie du Cap. Ce monument fut construit par Diaz peu de temps avant la découverte du cap de Bonne-Espérance. Il se trouve actuellement en ruines, et les autorités anglaises du Cap en ont recueilli de nombreux fragments, dont elles ont consenti à céder une partie au Portugal.

Une nouvelle inattendue vint tout à coup laisser tomber sa note lugubre au milieu de cette vie laborieuse mais calme : Dom Miguel de Bragance, qui avait pendant quelque temps occupé l'attention de l'Europe, était mort à Brombach, près Wertheim, à la suite d'une attaque d'apoplexie (14 septembre). Il était né en 1802, et avait un instant disputé à son frère la couronne de Portugal. Après la guerre de 1832 et la défaite de son parti par les troupes de l'empereur Dom Pedro, il dut s'enfuir du Portugal en 1834. Il se maria à Rome, puis alla s'établir dans un château en Allemagne. Il vivait là sans faste, d'une pension de deux mille livres sterling que lui faisaient d'anciens sujets fidèles, et notamment le vieux marquis de Barbacena. Il était colonel propriétaire d'un régiment autrichien, grade purement honorifique. Dans sa vie privée, il fut irréprochable.

Mais l'espèce de sensation que dut causer un moment la mort de ce prince de sombre mémoire, s'effaça bien vite et s'éteignit sous les émotions ardentes d'un événement autrement intéressant : — l'inauguration du chemin de fer qui unit Lisbonne à Madrid et relie le Portugal à la France et à l'Europe continentale. La ligne était déjà ouverte entre Madrid et Ciudad-Real, et entre Badajoz et Lisbonne ; il ne restait à combler qu'une lacune de trois cent trente-sept kilomètres qui séparaient le chef-lieu de la province de la Manche — de celui de l'Estramadure, pour compléter les quatre-vingt-huit myriamètres à parcourir entre les deux capitales de la Péninsule ibérique.

Les 20 et 21 novembre, la ligne à livrer avait été reconnue avec le plus grand soin par l'ingénieur français, M. Rey, et M. Ducros, directeur des travaux ; le 22 au soir, le train d'inauguration partit de Madrid, emportant environ deux cents invités. On remarquait parmi eux S. Exc. M. le lieutenant général Calonge, ministre des affaires étrangères ; S. Exc. M. Orovio, ministre des travaux publics ; M. Moyano, président du conseil d'administration de la Compagnie ; des sénateurs, des députés, des conseillers d'Etat, des officiers généraux des armées de terre et de mer, des ingénieurs, de hauts fonctionnaires, plusieurs étrangers de distinction, et des représentants de la finance et de la presse.

Arrivé à Ciudad-Real le 23, à quatre heures du matin, le train, reçu par les autorités et les populations de la province , repartit à six heures, se dirigeant vers Almaden, si célèbre par ses riches mines de mercure. Le tracé ne présente aucun ouvrage d'art remarquable et le pays manque de culture jusqu'à la Serena, où la végétation est magnifique. De ce point de la ville de Don Benito, composée de vingt-trois mille habitants, il y a de belles prairies où paissent d'innombrables troupeaux de mérinos, dont la laine s'exporte par le port de Séville.

Sur la droite, on trouve Medellin, qui conserve précieusement la maison où est né l'immortel Fernand Cortez, et, un peu plus bas, on traverse la Guadiana sur un très beau pont en fer. Le convoi, arrivé à Mérida avant quatre heures, eut quelques instants pour visiter le pont romain de soixante-six arches et les ruines d'*Emerita Augusta*, ancienne capitale de la Lusitanie. A cinq heures et demie, les voyageurs descendirent à Badajoz, place forte de premier ordre , illustrée par les trois siéges qu'elle soutint en 1811 et 1812. Dans cette ville se trouvaient déjà, depuis quelques heures, le ministre d'Espagne à Lisbonne, M. Banuelos, et Leurs Excellences MM. Casal Ribeiro, vicomte de Braga, et Andrade Corvo, ministres des affaires étrangères, de la marine et des travaux publics du Portugal. Après avoir pris place à un banquet donné par la Compagnie et dans lequel des toasts chaleureux furent réciproquement portés aux souverains des deux pays, les excursionnistes montèrent en wagon à minuit passé, et en quelques minutes franchirent la frontière, laissant de côté Elvas, ville fortifiée, Porto Alegre et Crato, qui fut la résidence du prieur de l'ordre de Malte, prétendant au trône après la mort du cardinal dom Enrique.

Au-dessous de la ville d'Abrantès, à la sortie de Praia, la voie ferrée traverse le Tage au confluent du rio Zezere, sur un pont splendide d'une immense longueur, et dont la construction fait le plus grand honneur à l'ingénieur, M. Page. Le train s'arrêta quelques minutes au-dessus du fleuve, pour permettre aux voyageurs de contempler les belles campagnes et le magnifique panorama des deux rives. A la station suivante, le chemin se bifurque, le tronçon du nord va desservir Coïmbre et son Université célèbre, et aboutit sur le Douro à Porto, où se fait un si grand commerce de vins, et la ligne principale passe devant Santarem et côtoie la rive droite du Tage pour se terminer à la gare grandiose de Lisbonne.

Arrivés dans cette ville le 24, à onze heures du matin, les invités espagnols y trouvèrent l'hospitalité la plus empressée. Dans la journée, le roi Dom Luiz et la reine Dona Pia reçurent les ministres de la reine Isabelle, au palais d'Ajuda, avec la plus grande distinction, et le soir, le ministre des affaires étrangères les réunit dans un banquet. Le 25, la réception eut lieu à la légation d'Espagne. Vers minuit, le train de retour se mit en marche, et des télégrammes apprirent aux Portugais qu'il avait quitté Badajoz le 26, à une heure de l'après-midi, pour arriver le 27, à dix ou onze heures du matin.

Les voyageurs admirèrent beaucoup le Tage, la position de Lisbonne, construite sur sept collines, et qui peut rivaliser avec celle de Naples et de Constantinople ; les palais des Necessidades, de Cintra, d'Ajuda, de Belem, l'église et le cloître de ce nom, la grande place, les édifices qui l'entourent, San Vincente, Santo Domingo, l'hôpital royal, où moururent Camoëns en 1579 et Zurbaran en 1662 ; la bibliothèque, qui contient plus de deux cent soixante mille volumes ; l'observatoire, le musée, le couvent de Saint-Benoît, le théâtre italien, et le port splendide de Lisbonne, où se trouvait mouillé le monitor américain *Miantenomah*, qui reçut un grand nombre de visiteurs.

L'ouverture de la ligne de chemin de fer de Madrid à Badajoz est un fait immense qui resserre les liens d'amitié entre les deux royaumes. Deux fleuves importants, le Tage et le Douro, sont communs aux deux pays ; la voie ferrée les unit plus intimement encore, et place aujourd'hui Lisbonne à soixante-douze heures de Paris. Ajoutons qu'en développant, dans les localités situées sur son parcours, une activité nouvelle, elle profite, dans une large mesure, à la prospérité du Portugal.

XV

SESSION LÉGISLATIVE DE 1867

Le 2 janvier 1867, l'ouverture des Cortès eut lieu avec plus de solennité encore que d'habitude.

Cette troisième session législative empruntait un intérêt particulier à la visite récente de la reine d'Espagne (11 décembre 1866), et l'on attendait avec impatience les paroles du roi sur ce sujet. Dom Luiz, reçu par une députation à la tête de laquelle se trouvait le comte de Lavradio, président de la Chambre des pairs, prit place sur son trône, ayant près de lui Son Altesse l'infant Dom Augusto, depuis peu nommé connétable du royaume.

« Je viens inaugurer, commença le roi au milieu du plus profond silence, la nouvelle période de vos travaux parlementaires. C'est toujours avec un plaisir vivement senti que je me trouve au milieu de vous, accomplissant les préceptes des institutions qui régissent heureusement le pays. A ces institutions, la nation est redevable de la prospérité qu'engendre l'alliance naturelle des principes du progrès, de la liberté et de l'ordre chez les peuples qui savent les adopter avec fermeté et les généraliser avec noblesse..

« Comme représentants du pays, vous êtes appelés à veiller au maintien, à la mise en pratique de la constitution, et à prendre, en votre qualité de grands pouvoirs de l'Etat, la part qui vous incombe dans l'organisation des lois.

« Occupez-vous de remplir cette difficile et importante mission en examinant les actes de mon gouvernement et en établissant les réformes et les améliorations que le bien public demande avec urgence.

« La guerre, qui paraissait imminente à la fin de la dernière législature, a éclaté peu après entre la Prusse unie à l'Italie, d'un côté, et l'Allemagne avec divers Etats allemands, de l'autre. Le Portugal a gardé la stricte neutralité que conseillaient les intérêts nationaux, conservant pendant la guerre avec toutes les puissances, comme aujourd'hui depuis que la paix est faite, les relations de bonne et inaltérable amitié.

« Il y a quelques jours seulement, j'avais l'honneur de recevoir, dans cette capitale, la visite de Sa Majesté la reine d'Espagne, accompagnée de Sa Majesté le roi, son auguste époux, de Son Altesse Royale le prince des Asturies et de Son Altesse l'infante Dona Isabel. La présence de ces augustes hôtes a été grandement agréable à mon cœur.

« Dans les témoignages réciproques échangés à l'occasion de cet heureux événement, je suis heureux de voir la preuve de l'estime cordiale existant entre les deux couronnes, et des tendances qui, tout en rapprochant deux peuples frères par les origines historiques comme par la gloire de leurs traditions, respectent les nationalités consolidées par les siècles et favorisent le développement des amples ressources dont la nature s'est plu à doter la Péninsule. Mon ministre des affaires étrangères vous rendra compte du règlement de deux affaires intéressantes, longtemps pendantes entre le Portugal et le saint-siége. Je veux parler de la prorogation de la juridiction extraordinaire conférée à l'archevêque de Goa, en vertu du concordat sur les droits de mon patronage royal en Orient, et de la question relative à la mission envoyée récemment au Congo. Le résultat satisfaisant des négociations relatives à ces affaires me donne lieu d'espérer que, restant dans le même esprit conciliateur, on trouvera les moyens de résoudre d'autres difficultés en rétablissant l'exercice définitif du patronage dans les régions de l'Asie et de l'Afrique qui en dépendent.

« Un traité important de commerce et de navigation a été conclu entre mon gouvernement et celui de S. M. l'empereur des Français. Ce traité inaugure la politique commerciale qu'il nous convient de suivre, dans le sens d'une prudente liberté progressive, afin d'ouvrir des marchés plus étendus à nos produits, en même temps que l'importation sera rendue plus facile au commerce étranger.

« J'ai l'espérance qu'en outre de ce traité, il sera possible de vous en soumettre d'autres de nature identique pendant la présente législature. Des conventions avec la France, relativement aux attributions et prérogatives des consuls, et avec la France et la Belgique pour la garantie réciproque de la propriété littéraire et artistique, seront également présentées à l'examen parlementaire.

« Les traités de frontière et de transit entre le Portugal et l'Espagne ont été ratifiés, de même que les annexes au premier dans lesquelles sont établies des règlements convenables pour l'exécution de quelques-unes de ses prescriptions. On a ratifié également d'autres traités approuvés pendant la période législative antérieure.

« On vous présentera en temps opportun les projets nécessaires pour l'amélioration de diverses branches du service extérieur et le résumé des actes les plus importants concernant les relations internationales.

« Les relations intérieures, la sécurité et la paix publique se sont maintenues sans altération aucune; c'est la conséquence de la foi des peuples dans les avantages résultant de la tranquillité générale et de l'influence qu'exerce chaque jour davantage l'esprit public sur le progrès et la vie de la nation.

« L'administration civile et l'instruction publique chez les peuples libres sont susceptibles de modifications dans leurs diverses branches; mais il faut qu'au système qui doit y dominer, lequel n'est autre que l'esprit de liberté, s'unissent et se relient la coopération directe de la nation pour se développer et s'administrer, et le culte de l'intelligence dans toutes ses aptitudes.

« La réforme générale que mon gouvernement vous proposera relativement à ces questions, laquelle embrasse les différentes branches composant l'administration civile et l'instruction publique, est basée sur ces principes.

« Les obstacles qui s'opposaient à l'accomplissement immédiat de la loi du 6 juin 1864, n'existant plus, le résultat a répondu aux espérances du gouvernement et aux intérêts que la loi avait pour but de favoriser.

« La visite de tous les districts administratifs du royaume recommandée aux gouverneurs civils ; l'inspection des écoles d'instruction primaire, la coopération spontanée de la nation pour répandre l'instruction dans le peuple et aider au développement de la bienfaisance publique, sont des faits importants que vous apprécierez en examinant les documents qui vous seront soumis.

« Les difficultés d'exécution qui précèdent toujours une organisation nouvelle des services publics, surtout dans un département exigeant le concours d'un personnel nombreux, ont empêché l'installation définitive des conservateurs du registre hypothécaire ; néanmoins, mon gouvernement espère que, dans un délai rapproché, le pays jouira des bénéfices de la loi du 1er juillet 1863. Le ministère compétent soumettra à votre examen le projet de code pénal, la réforme du système pénitentiaire, l'organisation du ministère public, la dotation du culte et du clergé, ainsi que d'autres affaires d'un égal intérêt public.

« Usant des pouvoirs conférés par la loi du 27 juillet 1855 et celle du 19 juin 1866, le gouvernement a appelé sous les drapeaux la réserve de l'armée et ouvert des crédits extraordinaires au ministère des finances pour l'achat d'armes, d'équipements et de matériel de guerre pour une somme de 600 millions de reis. Le 21 novembre dernier, la réserve a été licenciée de nouveau. Mon gouvernement vous rendra compte de la manière dont il s'est servi desdites autorisations, et vous aurez l'opportunité d'apprécier la raison de ses déterminations.

« J'appelle aussi votre attention sur l'organisation de

l'armée, qui nécessite une réforme. Préparer les éléments de sa composition plus parfaite, rendre possible le développement de sa force, concilier ces améliorations avec la plus rigoureuse économie et les intérêts généraux du pays, ce sera l'objet de projets spéciaux que vous présentera le ministre de ce département.

« Le code pénal militaire, le code disciplinaire, les lois relatives aux procédures et à la compétence seront également l'objet d'autres projets que vous prendrez en considération, ainsi que le méritent des questions d'une si haute importance.

« La situation du trésor public exige la plus sérieuse attention et se recommande à votre sollicitude. Mon ministre des finances vous soumettra les budgets généraux de recettes et de dépenses, de même que d'autres projets ayant pour but d'accroître le crédit public, de continuer les améliorations morales et matérielles du pays, et enfin de faire face à tous les besoins du trésor. J'espère que vous examinerez ces graves questions avec votre patriotisme éclairé, et j'ai pleine confiance dans le concours intelligent du Corps législatif pour mener à bonne fin les réformes que réclame cette branche importante de l'administration de l'Etat.

« Des mesures ont été décrétées relativement aux colonies, en vertu des pouvoirs accordés au gouvernement par l'acte additionnel à la Charte. Vous aurez l'occasion de porter sur elles votre jugement éclairé.

« La question du travail libre dans les possessions portugaises d'Afrique occupe la sollicitude de mon gouvernement.

« Le développement moral, commercial et économique dans ces régions s'y rattache intimement. J'espère que nous trouverons là une des sources les plus fécondes de la richesse publique.

« Mon gouvernement vous présentera les mesures propres à améliorer la situation des colonies et de la marine.

« Etendre rapidement le réseau des chemins de fer, suivant un plan général qui facilite, sur tous les points, la locomotion ordinaire dans des conditions convenables ; poursuivre les ouvrages commencés, afin de compléter l'ensemble des voies ferrées dans le royaume ; formuler comme loi les principes généraux sur la constitution des sociétés anonymes et de banque ; développer le crédit dans les localités, en créant une représentation facile pour toutes les valeurs, au moyen d'institutions convenables qui complètent la pensée économique de la loi du 22 juin 1866 ; organiser le système des caisses économiques et des établissements de crédit populaire ; donner à l'industrie rurale l'impulsion dépendant de l'administration ; créer des ressources pour le dessèchement des marais ; rendre à l'agriculture de riches terrains aujourd'hui inutiles : tel est l'ensemble de travaux que vous présentera le ministère des travaux publics.

« Dans la situation politique de la nation chez qui la tranquillité intérieure n'a pas été altérée, et où les libertés publiques constituent la base du gouvernement, le perfectionnement de l'administration et le sage emploi des ressources nationales sont le problème qui excite le plus l'intérêt du pays.

« Je recommande ce point à votre dévouement au bien de la patrie.

« L'iniative éclairée du gouvernement, l'énergie et la grandeur de son mandat, le concours efficace des représentants du pays, sont les conditions qui peuvent assurer l'heureuse réalisation de la mission suprême qui incombe aux États à l'époque de mouvement et de progrès que nous traversons. »

Le discours du trône, accueilli avec une faveur unanime par le public et par les deux Chambres, fut réellement un événement politique. Jamais il n'avait comporté de pareils développements, abordé tant de questions économiques, tracé tant de sillons à la fois au génie portugais, remué tant de glorieux souvenirs, ouvert d'aussi larges horizons! C'est une des meilleures pages de l'histoire de ce peuple, dont nous essayons de suivre les nobles et vigoureuses aspirations à travers les crises de notre époque.

Nous n'en avons pas retranché une ligne, raturé un mot. Tout y est loyal, utile, intelligent, honnête. C'est la raison unie au cœur. La réponse des Cortès se ressentit de cette profonde satisfaction. A la Chambre des pairs, une seule séance suffit à la voter. A la Chambre des députés, les débats ne portèrent que sur les mesures militaires prises par le cabinet en l'absence du Parlement, telles que l'appel de la réserve sous les drapeaux et la réunion des troupes au camp de manœuvres de Tancos. Le ministre de la guerre, M. Fontes Pereira de Mello, n'eut qu'à rappeler aux orateurs qui critiquaient ces mesures, MM. Silva et Diaz Fereira, qu'une loi antérieure autorisait le ministre à agir comme il avait fait.

Quant à la politique générale du gouvernement, M. Casal Ribeiro, à propos du paragraphe relatif au voyage de la reine d'Espagne, s'exprima dans des termes qui méritèrent un assentiment unanime. Le ministre exposa que le Portugal ne pouvait prétendre à une politique d'influence ou d'expansion, et devant, d'un autre côté, éviter un isolement peut-être dangereux, cherchait dans une amicale neutralité, dans son respect pour les droits des autres puissances, l'estime affectueuse et les égards qu'il avait droit d'en attendre pour lui-même. Pour ce qui est de l'Espagne et du Portugal, ces deux peuples ont une origine commune : ils ont des liens historiques et géographiques les plus intimes; dans plusieurs cas, ils ont suivi une marche parallèle, spécialement pour leurs conquêtes d'outre-mer, et aujourd'hui le chemin de fer, qui unit les deux capitales, vient augmenter les rapports déjà créés par la libre navigation du Tage, du Minho et du Douro. Enfin un traité de commerce, dont le ministre avait jeté les bases durant son séjour à Madrid avec M. Barzanallana, ministre des finances, et la convention postale récemment conclue à Lisbonne par M. Cardenal, directeur général des postes espagnoles, rattachent encore le Portugal au continent européen et augmentent la communauté d'intérêts des deux nations de la Péninsule.

Après le vote de l'adresse, les Cortès continuèrent leurs travaux et l'examen de plusieurs projets de lois, concernant : la création d'un service régulier de bateaux à vapeur destinés à relier les divers ports du royaume aux îles Açores et à tous les établissements portugais de la côte d'Afrique ; — celle de docks à Porto, dont le commerce des vins acquiert sans cesse de l'importance ; — la réorganisation de l'administration centrale du ministère des affaires étrangères et les carrières diplomatique et consulaire ; — la réglementation des sociétés de commerce et des sociétés anonymes sur le plan de la législation française ; — le régime judiciaire dans les possessions du golfe de Guinée, San Thomé et l'île du Prince, dans l'archipel du cap Vert, dans les établissements du canal de Mozambique, le Congo, Sofala et San Felipe de Benguela, et enfin dans les possessions de l'Inde illustrées par les Camoëns et les Albuquerque, Goa, Diù, Macao et Timour ; — puis le projet de loi autorisant la maison de la Miséricorde d'Evora, riche de trois millions de francs en biens fonds, à fonder une banque agricole dans le département de l'Alemtejo.

La question de finances fut, comme toujours, l'intérêt capital de cette session, et ce qui préoccupait l'opinion, c'était de savoir si l'on arriverait et comment l'on arriverait à établir l'équilibre du budget. La situation était à peu près la même que l'année précédente : le ministre des finances, M. Fontes Pereira de Mello, avait présenté en janvier 1866, on s'en souvient, un budget qui évaluait les recettes à 15,880 contos (95 millions 280,000 francs environ), et le déficit à plus de 5,246 contos (32 millions 280,000 francs). En 1867, les recettes ne dépassaient pas 16,000 contos et le déficit s'élevait à 5,600 contos.

Pour combler les déficits des années précédentes, la

Chambre des députés autorisa, en juin 1866, l'émission de titres de la dette consolidée intérieure et extérieure jusqu'à concurrence de trente-cinq millions de francs; mais, si les dépenses du passé se trouvaient couvertes par cette mesure, il n'en était pas moins urgent de prendre des dispositions qui permissent de subvenir aux dépenses du présent et à celles de l'avenir. C'est à atteindre ce but que devaient tendre les efforts de M. Fontes Pereira, qui avait hérité d'une situation assez lourde. Il en appréciait parfaitement la gravité, ne cherchait pas à la dissimuler aux Cortès et s'appliquait avec zèle à réaliser des améliorations sérieuses. Dans sa pensée, que nous l'avons vu exposer, en 1866, aux Chambres avec la plus louable sincérité, « le déficit ne pouvait être comblé que par la combinaison de ressources diverses, par l'action simultanée du crédit, de l'économie et de l'impôt. Chacun de ces moyens, isolé, était impuissant : leur réunion pouvait rétablir la prospérité dans les finances de l'Etat. » En 1867, M. Fontes Pereira, persistant dans les mêmes sentiments, présenta aux Cortès un projet de loi qui augmentait l'impôt des voies de communication, dans la proportion de 20 0/0 sur les contributions foncière, personnelle, industrielle, et sur l'enregistrement; de 30 0/0 et de 10 0/0 sur divers autres droits.

Cette proposition rencontra dans la Chambre des députés un certain nombre d'adversaires et fut longuement discutée. Le ministre la défendit avec beaucoup d'énergie et démontra, en particulier, qu'elle était en rapport avec les principes économiques qu'il avait toujours soutenus. Dès 1852, en effet, sous le ministère du maréchal de Saldanha, qui, vivement préoccupé d'une situation financière embarrassée, promulguait des décrets multipliés ayant pour but de rétablir l'équilibre du budget, M. Fontes Pereira envisageait à un double point de vue les dépenses du pays : « La nation, écrivait-il alors, peut et doit payer plus qu'elle ne paie actuellement; mais les ressources qui proviendraient de revenus plus considérables, doivent être exclusivement appliquées aux voies de communication, à l'instruction publique, au rétablissement de notre marine, et à toutes les mesures qui tendent au développement de la richesse nationale. » Quant aux autres dépenses, les recettes existant alors lui paraissaient pouvoir y suffire. Tel était encore son sentiment, lorsqu'il proposait l'accroissement des impôts, pour faire face à des dépenses qui n'avaient rien de commun avec le fonctionnement des services publics et avec les besoins ordinaires de l'Etat. Il déclarait impossible de combler le déficit avec la seule ressource des économies, et d'opérer des réductions qui pussent atteindre à la somme de 5,000 contos (plus de 30 millions).

La loi en discussion n'était, du reste, que le développement d'un ordre d'idées admises déjà dans la législation du pays par des décisions antérieures. En 1850, un impôt, destiné à subvenir aux frais d'entretien et de construction des routes, avait été établi : on n'exigeait alors que 5 0/0 des contribuables; mais depuis, la nécessité de travaux plus considérables fut reconnue, le pays réclama non-seulement des chemins et des routes, mais des lignes ferrées; il fallut accroître l'impôt, et tel fut le but des lois du 30 juillet 1860 et du 22 juin 1863.

En 1867, le gouvernement considéra comme indispensable d'augmenter ces ressources qu'on pouvait évaluer à 700 contos (4 millions environ), et que la loi soumise aux Chambres était appelée à doubler. La contribution foncière, qui devait se trouver accrue de la sorte, n'avait d'ailleurs guère été modifiée depuis l'époque où ses bases furent changées, en 1852. A cette époque, le gouvernement crut devoir substituer au système compliqué des impôts existants une contribution directe unique, *dite* de répartition, déjà proposée par le comte de Thomar. Sans doute, l'absence de statistique et de cadastre rendit difficile de fixer d'une manière parfaitement équitable l'assiette de cet impôt; il présenta cependant des avantages réels, en faisant disparaître, au profit d'une organisation plus simple, la complication de contributions superposées les unes aux autres. Quoi qu'il en soit, comme depuis 1852 il n'avait été augmenté que de 85 contos en 1863, le gouvernement pensa qu'il pouvait produire davantage en 1867; et c'est pourquoi il proposa d'accroître l'impôt des routes de 20 0/0, prélevés sur la contribution foncière. L'ensemble du projet de loi fut approuvé par la Chambre des députés à une forte majorité (85 voix contre 35).

Un autre projet de loi, dont le but était de remplacer divers impôts indirects par un impôt de consommation unique, fut ensuite discuté avec toute l'attention que méritait un sujet aussi grave. La simplification du système d'après lequel se perçoivent les revenus de l'Etat, a toujours été le désir des hommes politiques les plus éclairés du Portugal. Malheureusement, et malgré des efforts qu'on ne saurait méconnaître, jusqu'alors il n'avait été apporté que des remèdes peu efficaces à un trop grand nombre de perceptions, de taxes, de droits accumulés. Pour ce qui concerne la contribution directe, elle est divisée en plus de vingt titres divers, tant pour le royaume que pour les îles. Cet inconvénient avait déjà frappé, en 1845, M. Costa Cabral, depuis comte de Thomar, alors ministre dans le cabinet présidé par le duc de Terceire, et qui avait proposé de substituer à ces complications trois impôts réguliers : un impôt foncier, un impôt industriel et une contribution personnelle.

A cette époque, le pays était troublé par des dissensions intestines qui ne permettaient guère l'étude des questions financières; la lutte des chartistes ou partisans de la Charte octroyée par le roi Dom Pedro en 1826, contre les septembristes qui avaient amené, en 1838, la reine Dona Maria à accepter les principes de la Constitution démocratique de 1822, préoccupait tous les esprits. M. Costa Cabral, l'un des principaux chefs du parti chartiste, qu'il avait rétabli au pouvoir en 1842, succomba en 1846; ses adversaires avaient saisi, pour le renverser, le prétexte de la réforme financière; mais ce changement ministériel avait en réalité d'autres causes que nous n'avons pas à rapporter ici. Quoi qu'il en soit, la modification de la contribution directe se trouva ajournée par l'avénement du parti septembriste, et ce ne fut que six années plus tard, en 1852, que le maréchal de Saldanha reprit le projet du comte de Thomar et décréta, le 31 décembre de cette année, un impôt foncier unique. Mais cette mesure ne fut point complétement réalisée, et la situation, bien qu'améliorée, ne subit pas de changement radical.

C'est à l'impôt indirect que le gouvernement voulut, en 1867, appliquer le principe de l'unité, et tel était le but de la loi présentée à la Chambre des députés. Voici les plus importantes mesures contenues dans le projet :

1° Suppression des impôts suivants : *le réal d'eau*, la contribution perçue par les villes sur les objets de consommation et marchandises, l'impôt de mille reis (6 fr.) sur chaque pipe de vin ou d'eau-de-vie, à son entrée à Porto ou à Villa de Gaïa;

2° Création d'un impôt général de consommation formé de droits fixes sur la vente des viandes, du riz, de l'huile et des boissons fermentées;

3° Les Chambres municipales du royaume et des îles pourront établir des contributions additionnelles à l'impôt de consommation recouvré par l'Etat pour les dépenses particulières des villes, mais dans la mesure qui sera fixée par les lois administratives;

4° Toutes les dépenses locales resteront à la charge des villes; et spécialement sont considérées comme obligatoires pour Lisbonne les frais de police civile, le subside aux théâtres, le secours aux établissements hospitaliers nommés la Miséricorde, l'hôpital de Saint-Joseph, la *Casa Pia*, et aux asiles désignés sous le nom de *recolhimentos*.

Ces divers points demandent quelques explications. L'impôt du *réal d'eau* est un des plus anciens du Portugal. A l'origine, il était perçu pour subvenir à l'entretien des fontaines publiques. Il se composait de taxes sur la viande et le vin. L'impôt de 1,000 reis sur chaque pipe de vin ou d'eau-de-vie arrivant à Porto ou à Villa de Gaïa a été établi en 1852, et il se perçoit dans ces deux villes, qui sont les grands entrepôts du commerce des boissons dans le royaume. Quant aux maisons de bienfaisance que nous avons citées, leur entretien était assuré d'abord par leurs propres revenus, ensuite par les contributions communales et des subventions de l'Etat qui peuvent être évaluées à environ 126 contos (près de 700,000 francs), et qui ont été généralement prélevées sur les impôts de consommation.

L'hospice de Saint-Joseph, à Lisbonne, est consacré aux malades; la *Casa Pia*, installée dans le couvent de Belem, est affectée à trois œuvres : l'éducation des orphelins, celle des sourds-muets et l'entretien des aveugles; la maison de la Miséricorde est affectée aux enfants trouvés. Il existe à Pato et à Funchal des établissements du même nom, fondés par les frères de la Trinité.

L'Etat se désintéressait désormais de ces dépenses, auxquelles les villes devaient pourvoir, et ainsi, d'après le projet de loi nouvelle, tout le revenu régulier des impôts de consommation appartiendrait au trésor : les villes ne percevraient que le produit des taxes additionnelles.

L'importance de ces combinaisons, qui devaient assurer à l'Etat des ressources immenses, amena de longues discussions à la Chambre des députés. Elles formaient une partie considérable du plan financier de M. Fontes Pereira. Animé du désir de donner des bases stables à la fortune publique et d'établir l'équilibre entre les dépenses et les recettes, ce ministre avait été déjà une première fois chargé du portefeuille des finances dans le cabinet présidé, au commencement du règne de Dom Pedro V, par le maréchal de Saldanha, qui réunissait les principaux membres du parti conciliateur, *dit* de la régénération. M. Fontes Pereira avait mis à l'étude une nouvelle organisation financière conforme aux principes dont il poursuivait encore, en 1867, l'application. Il voulait dès lors réformer les impôts dans le double but de diminuer le déficit, et d'activer les travaux publics. L'opposition de la Chambre des pairs força ce cabinet, en 1856, à donner sa démission; mais M. Fontes Pereira en revenant, en 1866, au pouvoir, et se trouvant en présence d'un état de choses tout aussi grave que dix ans avant, persistait dans les mêmes vues, avec l'espoir de ne pas rencontrer les mêmes obstacles que par le passé. Le temps des grandes luttes politiques semblait d'ailleurs disparu, et les partis, également fidèles au roi et à la dynastie, se préoccupaient, avant tout, quelles que fussent leurs divergences, d'assurer la prospérité et l'ordre si nécessaires à un pays agité naguère par tant d'orages. L'espérance du ministre ne fut point trompée; la discussion de son projet financier fut longue et approfondie. On remarqua particulièrement les discours de M. Carlos Bento, ancien ministre de la marine, et de M. Pinto Coelho, l'un et l'autre contraires au projet; celui de M. Oliveira Pinto qui le défendit, et l'exposé clair et précis de la situation financière du ministre des finances, qui décida le vote. La loi fut accueillie par cent voix contre quarante-sept (20 mars). Le ministère se trouva ainsi assuré d'une majorité qui s'associait aux réformes nécessaires, et qui comprenait l'utilité des mesures propres à subvenir aux embarras du trésor.

Quelques jours avant ce vote, une interpellation, destinée à attirer l'attention du gouvernement sur l'état des esclaves dans les colonies portugaises, fut présentée à la Chambre des pairs par M. Costa Lobo. L'orateur, d'après un ouvrage anglais sur l'Afrique orientale, cita des faits de nature à faire craindre que les lois ne fussent imparfaitement exécutées dans ces contrées lointaines, et que les esclaves ne fussent trop souvent victimes d'actes de violence exigeant une prompte répression.

Il est peu de questions qui aient aussi vivement préoccupé le gouvernement et les Chambres du Portugal que celle de l'esclavage, et l'on ne peut nier que, depuis plus de trente ans, elle n'ait été presque constamment à l'ordre du jour. Lorsque, par le traité du 29 août 1825, le Portugal reconnut l'indépendance de l'empire du Brésil, la question de la traite fut laissée de côté. Ce fut sous le règne de Dona Maria, que, par un acte spontané du 10 décembre 1836, l'exportation et le commerce des nègres furent interdits. Six ans plus tard, le 3 juillet 1842, fut signée, entre le Portugal et l'Angleterre, la convention destinée à prévenir et à réprimer le trafic des noirs, d'après les principes posés dans la loi anglaise de 1807 et dans la loi portugaise de 1836. Cet acte, qualifiant la traite de « crime rigoureusement prohibé et hautement punissable, » établit un droit de visite spécial et des commissions mixtes pour le jugement des individus pris à bord d'un négrier. Le 14 décembre 1854, un décret ordonna le recensement de tous les esclaves et affranchis ; une loi de juin 1856 confirma les dispositions de ce décret et fut suivie, en juillet de la même année, d'une nouvelle loi déclarant libres tous les fils d'esclaves qui naîtraient dans les provinces d'outre-mer après sa promulgation. Ce progrès, indice d'un sentiment libéral de plus en plus accentué, en amena bientôt un autre d'une valeur non moins grande, la loi du 18 août 1858 ; car elle donnait le bénéfice de la liberté à tout esclave qui mettait le pied en Portugal, dans les îles adjacentes, dans l'Inde et à Macao.

Enfin, l'affranchissement complet fut décidé en principe le 29 avril 1858, mais retardé par diverses considérations jusqu'à l'expiration d'une période de vingt ans, c'est-à-dire jusqu'au 29 avril 1878, époque où de plein droit tout esclave sera libre dans les colonies portugaises. On voit qu'une pensée d'humanité, de jour en jour plus forte et plus développée, a inspiré les actes des divers gouvernements qui se sont succédé à Lisbonne, et que tous les partis, arrivés au pouvoir, se sont trouvés d'accord pour provoquer des améliorations successives dans un état de choses qui, de l'avis de tous, devait aboutir au régime du travail libre.

Le ministre de la marine, M. de Praia Grande, en répondant aux interpellations de M. Costa Lobo, s'attacha à prouver que la sollicitude du gouvernement était toujours aussi vive à l'égard de cette question. Si quelques crimes avaient pu se produire, les autorités portugaises n'en devaient pas être responsables, car leur zèle pour les réprimer ne s'était jamais démenti. Les officiers de marine poursuivent la traite avec la plus grande énergie, et les gouverneurs des colonies accomplissent les devoirs de leurs fonctions avec une activité et une résolution que les officiers ou résidents anglais dans les possessions portugaises signalent avec éloge.

M. de Praia Grande donna lecture de plusieurs documents qui ne laissaient sur ce point subsister aucun doute, et il termina en faisant remarquer que jusqu'à 1836 la traite était l'unique commerce des colonies portugaises, et que, depuis, grâce aux efforts et aux sacrifices du gouvernement, cet odieux trafic n'existait plus. Ces explications satisfirent complètement M. Costa Lobo; elles furent du reste développées encore par le ministre des affaires étrangères, M. Casal Ribeiro, qui cita quelques documents puisés dans son département.

En somme, il restait peu de chose à faire aux Cortès de 1867 pour achever la réalisation d'une grande réforme, réclamée par la civilisation moderne. Le cabinet, déjà, jugeant que les sérieuses difficultés qui s'y étaient opposées jusqu'alors, avaient disparu, et que le moment était venu de déclarer libres tous les sujets portugais sans distinction, avait provoqué, le 21 janvier de cette année, la nomination d'une commission, afin d'étudier et de proposer les mesures pratiques pour un affranchissement immédiat.

Un fait d'une grande importance politique intéressa vivement le pays après la discussion des nouveaux impôts et les interpellations relatives à l'esclavage : c'est la publication des documents diplomatiques de 1866, faite par les soins du département des affaires étrangères. Pour la première fois, le pays allait se trouvait à même d'étudier avec suite les principaux documents de la politique extérieure. M. Casal Ribeiro avait cru devoir imiter l'exemple donné par l'Angleterre, la France, l'Espagne et l'Italie ; les pièces que contenait ce volume, au nombre de cinquante-huit, résumaient la conduite du cabinet et révélaient parfaitement l'attitude qu'il avait gardée en présence des événements de la précédente année.

Au moment où le dernier cabinet arrivait au pouvoir, la guerre allait éclater en Allemagne, et l'agitation des partis en Espagne faisait prévoir que des troubles ne tarderaient pas à s'y produire. Le gouvernement portugais tint à honneur de manifester, par une circulaire en date du 29 mai, son désir de maintenir loyalement ses relations d'amitié et de bon voisinage avec l'Espagne, et de bien établir que, dans sa pensée, des relations de cordiale sympathie et d'affectueuse confiance sont également avantageuses pour les intérêts des deux nations. Lorsque la lutte de l'Autriche et de la Prusse eut commencé, le Portugal, dont la dignité et les droits n'avaient rien à craindre, se borna à déclarer sa neutralité, conformément aux principes posés par le Congrès de Paris et admis par la jurisprudence internationale. Après que la fortune des armes eut décidé la question, le cabinet de Lisbonne, sympathique à la politique de conciliation adoptée par les trois puissances neutres, fit connaître que, loin de se désintéresser des grandes affaires de l'Europe, il prendrait part volontiers, s'il y avait lieu, à un nouveau Congrès. Il montra les mêmes sentiments de modération dans tout ce qui touche aux rapports de l'Italie et du saint-siége. Il suivit, en cette circonstance, la même ligne de conduite que la France, et recommanda à son ambassadeur auprès du Saint-Père l'emploi « des représentations les plus respectueuses, » dans le but de ménager un accord entre les intérêts qu'il importait de concilier.

Diverses difficultés, relatives au patronat religieux dans les Indes, s'étaient élevées, on s'en souvient, entre la cour de Rome et le gouvernement portugais. Il y a quelques années, un pareil différend à propos de l'archevêque de Goa avait amené de longues discussions; il s'agissait, cette fois, de quelques missionnaires partis de Rome pour l'une des possessions portugaises sans avoir obtenu la permission du gouvernement. Le cabinet, dans une note du 6 avril 1866, avait maintenu la nécessité d'un accord préalable entre le saint-siége et le Portugal, et les droits de la juridiction épiscopale dans les colonies. Les pouvoirs extraordinaires confiés pour six ans, en vertu du concordat de 1857, à l'archevêque de Goa, pour l'organisation des diocèses de l'Inde, avaient été ainsi, par suite d'un accord, prolongés de trois années. Ces diverses causes de dissentiment furent éloignées par un mutuel esprit de concorde. D'autres documents du livre diplomatique portugais se rapportaient à l'adhésion donnée par le cabinet de Lisbonne à la réunion d'une conférence proposée par les gouvernements de France et d'Italie, et dans laquelle devait être discutée la question de l'unité monétaire.

Enfin, les pièces qui le terminaient, étaient : 1° les deux conventions avec la Belgique et la France pour la garantie réciproque de la propriété littéraire et artistique; — 2° le traité de limites entre l'Espagne et le Portugal et la convention du transit conclue entre les deux pays le 27 avril 1866; — 3° la convention postale entre le Portugal et la France, du 24 décembre 1865, et le traité conclu le 22 août 1866 à Genève entre les diverses puissances, pour l'établissement des mesures prescrites par l'humanité en faveur des blessés sur le champ de bataille; — 4° la convention signée à Tanger, le 31 mai 1866, pour l'entretien d'un phare sur le cap Spartel; — 5° la convention conclue entre le Brésil, la France, le Portugal, l'Italie et la république d'Haïti, pour l'établissement d'une ligne télégraphique, sous-marine, destinée à relier le continent européen à l'Amérique centrale et méridionale. Il ressortait de cette publication que le gouvernement portugais, justement préoccupé des questions intérieures, n'avait négligé aucune occasion de s'associer aux questions extérieures, toutes les fois que les intérêts du pays lui avaient paru réclamer sa participation.

Au nombre des travaux de cette session, nous devons mentionner encore les projets de lois sur le service télégraphique et l'administration civile.

Un décret du 30 décembre 1864 avait organisé le service télégraphique pour la première fois en Portugal, en créant la répartition de ce service en divisions et en sections, et en formant le tableau du personnel. Mais, depuis lors, la dépense avait été chaque année de beaucoup supérieure à la recette. Tandis qu'à l'origine de l'établissement des télégraphes, c'est-à-dire en 1857, la recette était évaluée à environ 18 contos (108,000 francs), la dépense n'était que de 8 contos (48,000 francs). Peu à peu, la proportion exacte entre la recette et la dépense s'établit, et dans les tableux présentés par l'administration, nous trouvons qu'en 1859-1860 les frais, estimés à 186,000 francs, étaient couverts par un revenu égal. A compter de cette époque, et bien que le nombre des dépêches s'accrût toujours, les sommes que l'établissement des lignes et des stations, l'entretien général et le personnel coûtaient à l'Etat, s'augmentèrent à un tel point que, dans l'exercice de 1866, la recette n'ayant atteint que le chiffre de 43 contos (250,000 francs), la dépense s'éleva à 828,000 francs, résultat qui constituait l'administration en perte de 578,000 francs. C'est alors que le ministre des travaux publics, M. de Andrade Corvo, proposa aux Cortès un projet de loi destinée à obvier à cet inconvénient (avril).

Dans le cours du même mois, la Chambre des députés consacra plus de vingt séances à l'étude et à la discussion d'un projet de loi sur l'administration civile, présenté par le gouvernement. Les importantes questions que soulevait une telle réforme, avaient toujours préoccupé le pays, et les divers remaniements qui eurent lieu d'abord en 1835, puis en 1836, année où le premier code d'administration a été publié, puis en 1840, où des lois sur cette matière ont été promulguées ; puis enfin en 1842, où les règlements nouveaux intervinrent, attestent suffisamment l'intérêt que les hommes politiques du Portugal attachent à l'organisation locale, à la distribution du territoire et aux moyens de résoudre les affaires de contentieux administratif. Le système que la nouvelle loi devait remplacer, avait son origine dans les réformes de 1835, dont M. Fonseca de Magalhaes avait posé les bases, et dans le code de 1836, décrété par M. Passos Manuel. Ces ministres avaient déjà simplifié, par des dispositions utiles en leur temps, les complications antérieures ; M. Passos Manuel jugeait, dès cette époque, absolument nécessaire de réduire le nombre des cercles municipaux, de supprimer une multitude d'arrondissements, et de substituer aux anciennes provinces vingt et un districts administratifs. Autrefois, le Portugal se divisait en six provinces continentales : Minho, Estramadure, Beira, Traz os Montes, Alemtejo, Algarve, et en deux provinces formées des îles Madère et des Açores. L'établissement des districts parut, en 1836, plus favorable à l'action du pouvoir central et à l'unité de la monarchie, et les districts eux-mêmes furent subdivisés alors et depuis en cercles, arrondissements et paroisses, par suite des diverses modifications que nous avons indiquées, et auxquelles il faut joindre celles de l'acte additionnel de 1852 et de la loi de 1859, nécessitées par l'organisation électorale.

On créa 165 cercles électoraux, 351 arrondissements communaux et 3,928 paroisses. Quant aux communes de Lisbonne et de Porto, elles furent partagées, à cause de leur étendue, en plusieurs quartiers. Dans ce système, dont les principales lignes furent conservées par la loi présentée aux Chambres en 1867, un gouverneur civil administre le district, un maire administre l'arrondissement, tous deux nommés par le gouvernement et assistés dans le district par une junte générale élue, et dans l'arrondissement par une chambre municipale également choisie par les électeurs. La loi nouvelle a un double objet : d'abord, réduire encore le nombre des centres administratifs; ensuite, augmenter les attributions des autorités locales. Ainsi les districts, y compris ceux des îles, ne dépassent plus le chiffre de quinze, dont six seulement pour le continent. Une compétence plus considérable est accordée aux arrondissements pour un grand nombre d'affaires, et la paroisse elle-même reçoit des facultés particulières, un budget, médiocre sans doute, mais suffisant pour ses dépenses, et le droit de décider, dans une certaine mesure, des améliorations locales qu'elle jugeait nécessaires. Mais ces diverses autorités demeurent soumises à la haute juridiction du gouvernement, qui représente l'unité et veille à ce que les avantages de la nouvelle organisation soient impartialement dévolus à tous les centres de population. Ainsi, et sans entrer dans les détails d'une loi qui ne comprend pas moins de 490 articles, les divisions primitives ont été maintenues.

Le district, l'arrondissement et la paroisse subsistent; mais, outre les modifications que subit le personnel des employés municipaux, le nombre des circonscriptions se trouve diminué dans des proportions assez considérables. Non-seulement, en effet, il n'y a plus que quinze districts, mais encore les arrondissements, qui autrefois étaient au nombre de 816, d'abord réduits, en novembre 1836, par M. Passos Manuel, à 351, puis à 270, furent encore atteints par la nouvelle loi; 104 d'entre eux disparurent; enfin, les paroisses qu'elle a organisées comprennent chacune au moins deux des paroisses antérieures. En même temps, ces diverses personnes morales, accrues territorialement, ont reçu des droits plus étendus et plus en rapport avec l'importance respective de leur population; de plus, le conseil de district est devenu le tribunal de première instance pour le contentieux administratif. L'ensemble de la loi fut admis par 105 voix contre 43; mais la discussion des articles donna lieu à de nombreux amendements qui, la plupart, avaient pour but de rétablir les circonscriptions supprimées. On remarqua celui de M. Mendes Leal, député de la majorité, qui demandait un sursis de trois ans, en alléguant que le traité de délimitation avec l'Espagne, qui devait modifier l'étendue de plusieurs districts, ne pouvait être terminé avant 1869. Le même orateur, à l'appui de son amendement, fit observer que plusieurs des circonscriptions supprimées n'avaient pas encore de moyens de communication suffisants avec leurs nouveaux chefs-lieux.

Plusieurs députés réclamèrent contre l'article du projet qui exigeait 3,000 feux pour une paroisse, en exprimant le désir que ce chiffre fût abaissé. La première partie de la loi, qui a pour objet la division territoriale, fut votée par 83 voix contre 20; mais divers amendements furent renvoyés à une commission spéciale. Du reste, le ministre de l'intérieur, M. Martens Ferrao, qui soutint la discussion avec talent et prononça entre autres un discours fort applaudi où il traita le sujet à fond, estima que l'adoption du projet entraînerait, par suite de suppressions d'emplois, une économie considérable pour le trésor (environ 309 contos, près de 1,800,000 francs). Le ministre sortit vainqueur de la lutte, et le vote de la loi consacra une réforme qui constituait un véritable progrès au profit de la décentralisation administrative du pays.

En résumant les travaux parlementaires de l'année 1867, nous croyons pouvoir affirmer qu'ils tiendront une grande place dans les annales du Portugal, et c'est avec justice et fierté que le roi Dom Luiz en félicita les Cortès en termes chaleureux dans son discours de clôture (27 juin). Rarement, en effet, des discussions aussi approfondies et des résolutions aussi importantes ont signalé une session législative. Les questions de finances y furent particulièrement résolues avec une hardiesse presque révolutionnaire.

Le ministre des finances eut ce grand mérite de ne point chercher à entretenir la nation dans une fausse sécurité. La situation était grave, et il avait démontré la nécessité de mesures radicales pour atténuer les périls dont le déficit menaçait le pays. Ces mesures, on l'a vu, se divisaient en trois catégories : l'augmentation des impôts, l'économie la plus sévère, l'appel au crédit. De là, la série de propositions soumises aux Chambres dans un ordre logique et dont l'ensemble formait tout un système financier.

Quelques troubles passagers eurent lieu, à ce sujet, sur différents points; mais ils ne devaient point entraver la réalisation de réformes approuvées par la grande majorité de la nation ; cette émotion n'altéra point sensiblement, d'ailleurs, la tranquillité publique, et elle disparut bientôt devant l'attitude énergique du gouvernement et les manifestations de la confiance générale.

Dans un autre ordre d'idées, la session ne fut pas moins féconde. Sans revenir sur la réforme de l'administration civile, nous citerons, parmi les améliorations économiques, l'établissement du crédit agricole, la loi qui décida le desséchement et la mise en culture des terrains marécageux ; celle qui tend à favoriser les associations coopératives.

Enfin, le code civil, nouvellement promulgué, constituait à lui seul un fait considérable ; car il a fixé la législation et fondé les droits des particuliers sur des bases stables. Le système pénitentiaire fut également modifié en plusieurs points, et ces nombreux travaux attestent le zèle des Cortès dans l'expédition des affaires qui intéressent spécialement l'organisation intérieure.

Le discours du trône constata, en outre, les bons rapports du Portugal avec les puissances étrangères, la conclusion de divers traités approuvés par les Chambres, entre autres, les deux traités de poste avec la Prusse et d'extradition avec l'Espagne, et surtout le traité de commerce avec la France. « Après avoir consacré avec un zèle éprouvé, au service des questions capitales par vous résolues, toute votre intelligence et votre expérience, — dit le souverain en terminant son allocution,— vous allez vous reposer des fatigues d'une laborieuse session législative, avec la conscience d'avoir bien servi la patrie, dans l'indépendant exercice du mandat législatif. La nation a grandement à espérer de l'ensemble systématique des travaux de la présente session législative, de vos lumières pratiques et de votre raison, ainsi que de la continuation de vos efforts.

« Au sein du gouvernement libre se développent et coexistent toujours des droits divers, les uns ayant pour objet de maintenir l'ordre et le pouvoir social, et les autres se proposant de garantir les libertés publiques et les intérêts individuels. Le respect mutuel et l'exercice simultané de ces droits constituent la garantie, la durée, l'honneur et la vie de la société; ils sont la base stable de la politique des nations; il y a longtemps que le Portugal est entré dans cette voie et qu'il y marche avec fermeté et conviction, et c'est à cette marche qu'il devra le couronnement de l'œuvre à laquelle nous collaborons tous incessamment. »

XVI

LE PORTUGAL A L'EXPOSITION UNIVERSELLE DE 1867

Nous avons vu le Portugal continuer, sous Dom Luiz Ier, à marcher presque révolutionnairement dans la voie du progrès et des réformes radicales, à travers les difficultés inextricables de sa situation financière; nous avons essayé de donner une idée de ses constants efforts pour se maintenir au niveau de la civilisation moderne, dans l'ordre moral aussi bien que dans l'ordre matériel. Nous allons terminer cette période de six ans par une des pages les plus brillantes de ce jeune règne. Nous voulons parler du rôle considérable que la nation portugaise a joué à l'Exposition universelle de Paris de 1867, où certes elle a eu l'occasion d'affirmer son génie au point de vue des arts et de l'industrie.

« La tendance au rapprochement des nations, a dit M. Michel Chevalier dans son admirable *Introduction aux rapports du Jury international*, cette attraction en quelque sorte religieuse, qui a été bien plus visible à l'Exposition universelle de 1867 qu'à celles de Londres de 1851 et 1862, et qu'à Paris même en 1855, n'a point été étrangère à la fondation des expositions universelles. C'est grâce à ce mobile que l'institution a déjà fonctionné quatre fois avec grand appareil à Paris et à Londres, et qu'on l'a tentée avec moins d'éclat, mais non sans un égal succès, dans d'autres circonstances, et au sein d'autres cités dignes d'être nommées après ces vastes capitales : New-York, Dublin, Porto, auxquelles tout le monde avait été appelé, et où beaucoup de nations ont été, en effet, très convenablement représentées. Le désir de la concorde générale, la pensée de la solidarité universelle en avaient été le point de départ. A ce rendez-vous solennel du Champ de Mars, tous les peuples sont accourus comme au noble appel de la civilisation. Dans cette extraordinaire affluence, l'intérêt industriel a été assurément pour une part ; les manufacturiers, les agriculteurs, les artisans, les ouvriers sont venus pour voir et pour s'instruire, et en cela rien que de naturel, rien que de légitime ; mais des sentiments plus élevés ont contribué à attirer cette foule et à la grossir. La majorité des exposants savaient d'avance que, pour eux, c'était une dépense à subir, à peu près sans compensation matérielle; ils sont cependant accourus, poussés par cette force intime, de nos jours si active, qui provoque les peuples à se rapprocher et à se connaître les uns les autres, comme les membres d'une seule et même famille, unis par l'indissoluble lien des communes destinées.

« Les plus grands souverains du continent européen ont tous éprouvé l'atteinte de cette électricité sympathique qui excitait l'élite des nations à se rassembler au Champ de Mars, comme en un forum du genre humain, tour à tour les empereurs de Russie, d'Autriche et de Turquie, les rois de Prusse, de Portugal, de Bavière, avant ou après ces princes puissants, beaucoup d'autres têtes couronnées ont quitté leurs Etats pour visiter l'exposition, qui offrait à tous un terrain neutre, sur lequel on était certain d'être d'accord, alors même que des questions épineuses ou brûlantes divisaient les cabinets. A ce point de vue, on peut, sans exagérer l'influence de l'exposition, avancer qu'elle a adouci le jeu des ressorts, excessivement tendus alors, de la politique de l'Europe, et contribué à conserver la paix du monde. »

Que de réflexions amères inspire aujourd'hui cette page éloquente, mais pleine d'illusions, que l'avenir devait briser si cruellement! Si l'auteur avait encore à l'écrire à l'heure où le roi de Prusse, — notre hôte de 1867, — s'efforce d'anéantir la France, il méditerait assurément avec plus de justesse sur l'hypocrisie humaine. Et pourtant, ce sont de grands et nobles sentiments qu'il exprimait alors dans un beau langage; car ces magnifiques congrès de l'industrie ne devraient certes pas avoir d'autre résultat que de faire tomber les barrières qui séparent les peuples ; de supprimer à jamais l'odieux fléau de la guerre, et de rallier la grande famille humaine sous le drapeau de la fraternité.

Quoi qu'il en soit, à ce merveilleux concours du travail universel, où en effet accoururent toutes les nations, le Portugal ne fut pas le dernier à entrer en lice, avec le ferme désir de disputer la palme à ses rivaux. Pour atteindre le but élevé qu'il proposait à ses efforts, il lui fallut déployer une activité vraiment extraordinaire, ne reculer devant aucun sacrifice.

Au Champ de Mars, l'exposition portugaise occupait un secteur peu épais, entre l'Espagne et la Grèce, s'étendant sans interruption du jardin central à la galerie des machines. L'exhibition de ses colonies était disposée dans une annexe construite dans le parc, un peu au delà des beaux-arts de la Suisse.

« Vous admirez le fier hôtel espagnol, écrivait M. Léon Plée, regardez un peu à droite. Ce bâtiment albuquerquien, — pardonnez cet horrible néologisme, — est l'annexe portugaise. Vous sentez ici du premier regard l'alliance des arts de l'extrême Orient et de l'Occident. La découverte des Indes, la fréquentation des pays musulmans ont déjà influé sur cette conception. Elle est galante, hardie, aventureuse, comme le génie portugais ; elle ne ressemble à aucune autre. Ce que l'on appelle le style manoëlesque est là dans toute sa pureté. Quel ne serait pas son effet, si l'édifice avait toute la grandeur qu'il devrait avoir !

« Ce roi Emmanuel mérita vraiment son nom de fortuné. Il fut presque contemporain de notre François Ier, puisqu'il régna de 1495 à 1551 et imprégna, de son génie à la fois sage et magnifique, toute la renaissance portugaise. Il n'y a pas, sous lui, en Portugal, que les Vasco de Gama, les Cabral, les Albuquerque, les Cortès-Réal. Les savants, les poètes, les peintres, les architectes illustrent la nation, alors grande par excellence, celle qui recule à l'Orient les bornes du monde.

« Quel tableau que ce règne !

« La commission portugaise, pour rappeler la gloire de son pays, ne pouvait être mieux inspirée qu'en empruntant une page architecturale à une pareille époque. Il y a du nabab dans ces formes si élégamment renflées. L'or doit ruisseler dans ces appartements que baigna la lumière. La vie, le commerce, les conceptions hardies, doivent s'y donner rendez-vous, et l'on se prend à voir, en pensée, les illustres aventuriers portugais gravir les perrons, tenant à la main leurs toques diamantées et heurtant aux degrés leurs épées renfermées dans des fourreaux étincelants de pierreries. »

Le Portugal, habitué déjà aux expositions, avait su choisir habilement les spécimens de ses produits. A son exposition de Porto, en 1866, il y avait trois mille neuf cent onze exposants venus de tous les points du globe. Il envoya chez nous, par réciprocité, mille vingt-six exposants. Ils étaient répandus, comme ceux de l'Espagne, dans presque toutes les classes. C'est dans le cinquième groupe qu'ils affluèrent surtout. Là, les associations donnèrent sur toute la ligne. Les commissions, que l'on appelait districtales, les commissions, nommées filiales, les compagnies, les administrations, les chambres municipales, et au-dessus le conseil des colonies, avaient dirigé, activé les envois.

La salle consacrée à l'*Histoire du travail*, particulièrement intéressante, attira tout d'abord les regards.

« De toutes les nations qui prirent part à l'exposition internationale de l'histoire du travail, disait le rapport du jury, il en est peu dont le succès ait dépassé celui qu'a obtenu la section portugaise. Ce succès, dû à la magnificence de quelques-unes des œuvres exposées et à leur bon classement, peut être aussi, à juste titre, attribué, pour une bonne part, aux efforts poursuivis par la commission royale, encouragée et soutenue par l'initiative personnelle d'un souverain ami des arts, grand collectionneur lui-même, et qui n'a pas hésité, pour les envoyer aux galeries du Champ de Mars, à déplacer les monuments précieux qu'il possède et qui rappellent la splendeur des arts dans son pays pendant le cours de plusieurs siècles.

« La salle réservée au Portugal était malheureusement de proportions bien exiguës ; mais la commission sut en tirer un parti excellent, et ses vitrines furent disposées de manière à faire apprécier, comme ils le méritaient, les beaux produits qu'elles renfermaient. »

Il y avait là, en vases sacrés et en bijoux d'église, des choses véritablement remarquables, tant par leur ancienneté que par le fini du travail ; une croix en cuivre du huitième siècle et une autre du neuvième, avec christ également en cuivre, — toutes deux les plus anciennes en ce genre, —un calice du douzième siècle et une croix en or, ornée de pierres, du treizième, du roi Sanche Ier. A partir de ces dates extrêmes, tous les âges étaient successivement représentés jusque vers le milieu du dix-huitième siècle. Nous signalerons, entre autres, un fort bel ostensoir, construit en 1506, avec les premières quantités d'or rapportées des Indes par Vasco de Gama. Le précieux métal provenait d'un premier tribut envoyé par le souverain de Luiloa à Dom Manuel, roi de Portugal. L'ostensoir en argent doré de la cathédrale d'Évora, portant la date de 1550, fixa l'attention. Ce milieu du seizième siècle était encore représenté par une Paix en argent fort remarquable et par un grand nombre d'objets qui se recommandaient par leurs ciselures, indices de la perfection que l'art du ciseleur sur métaux avait alors atteinte en Portugal.

Une riche collection de médailles et de monnaies, provenant du cabinet numismatique du roi Dom Luiz, figurait dans la vitrine centrale. Les monnaies en or, en argent et en cuivre, représentent toute la série des rois de Portugal, depuis le commencement du douzième siècle jusqu'à nos jours. L'époque arabe offrait aussi un grand nombre d'échantillons fort curieux. La période des rois visigoths et la période romaine étaient également comprises dans la collection que le roi avait mise si gracieusement, avec toutes les autres richesses de sa couronne, à la disposition de la commission portugaise.

La chasublerie était figurée par des ornements sacerdotaux, de dates et de factures diverses.

Parmi les objets isolés ne pouvant rentrer dans aucune

collection, il faut signaler en première ligne, en raison de son antiquité, l'effigie en pierre, malheureusement un peu effacée, d'Alfonso Henriquez, premier roi de Portugal. Le fondateur de la monarchie portugaise tient une croix dans sa main gauche, tandis que de l'autre il serre la garde de son épée.

Au-dessus, appendue à la muraille, on remarquait une dalle sépulcrale en bronze de 1470, d'un travail exquis, sur laquelle est sculptée l'image de deux personnages dont elle recouvrait les restes. Dans l'angle opposé de la pièce, une chaire en plâtre attira les regards : c'est la reproduction fidèle de celle de l'église de Santa Cruz, à Coïmbre, qu'une photographie suspendue à côté faisait également connaître. La chaire est ornée de statuettes nombreuses et peut être considérée comme un beau fragment de l'architecture religieuse de nos pères.

Au pied même de la chaire de paix, quelques canons du dix-septième siècle représentaient l'état de l'art de la guerre il y a deux cents ans.

Passons aux œuvres d'esprit, et d'abord aux manuscrits. Un certain nombre exposaient aux regards des visiteurs leurs pages enluminées; mais le soin que l'on avait très justement pris de les tenir hors de la portée de la main, ne permettait pas de les examiner dans tous les détails. La même vitrine contenait aussi deux spécimens éminemment curieux de ces anciennes cartes de géographie, dont les Portugais et les Génois avaient comme le monopole, et qui sont connus sous le nom de *Portulans*.

Ces *Portulans*, exposés par le Portugal, étaient uniques dans le palais du Champ de Mars, et il est extrêmement regrettable qu'ils n'aient pu, faute d'espace, être complétement développés aux regards. L'Afrique, l'Inde et l'extrême Orient, tels sont les pays représentés par eux. Des photographies permettaient d'examiner les carrosses royaux comme si on visitait les palais mêmes d'Ajuga ou de Cintra.

Les plus anciens remontent à la fin du seizième siècle, et les plus récents sont de la fin du dix-huitième. Tous sont en bois doré, sculptés avec soin et ornés de belles peintures et même de statuettes.

De la salle de l'*Histoire du travail* arrivons au salon réservé aux beaux-arts, et mentionnons le modèle d'un monument en l'honneur des héros portugais qui ont rempli le monde de leurs exploits et de leurs noms. Les quatre faces du monument, que surmonte une colonne élevée, sont consacrées à l'Europe, à l'Afrique, à l'Asie et à l'Amérique. Notons encore une très remarquable restauration de l'église de Belem. Ce monument, construit en 1500, par Dom Emmanuel, en mémoire de la découverte de l'Inde, s'élève à Belem, sur les bords du Tage, un peu au-dessous de Lisbonne et non loin de la tour, également remarquable, qui porte le même nom. Il a été complétement restauré par S. da Silva, architecte du roi; c'est l'état actuel qui donna lieu à la petite construction en miniature, objet de l'attention du public au Champ de Mars. Le style gothique a tout à fait disparu dans cet édifice, qui s'inspire déjà des idées architecturales de la Renaissance.

Les murailles environnantes étaient couvertes de photographies reproduisant les principaux monuments du Portugal. Cette collection eût pu être plus nombreuse ; mais, telle qu'elle était, elle intéressa. C'est un moyen de faire connaître la patrie absente, qui fut généralement adopté par les divers pays. Coïmbre, Belem, Bathala, furent les points préférés par le photographe.

Citons encore l'exhibition d'une série de petites statuettes populaires de vingt centimètres de haut environ. Les types et les costumes des diverses provinces et des professions les plus variées étaient là pris sur le fait et rendus palpables par une reproduction fidèle. Il y avait un costume d'homme de Honras de Miranda, province de Tras-os-Montès, — tout brun, couvert d'ornements noirs, sauf le gilet, qui était bleu. Le manteau au collet découpé se porte surtout aux fêtes et aux mariages. Le contraste de la couleur du gilet et celle de la veste est d'une harmonie sévère, mais agréable. Citons aussi les costumes de la province d'Alemtejo, couleur marron, avec la culotte courte et le large chapeau ; ceux des îles Açores à la belle population, ou de l'île de Madère, qui a sa brodeuse, sa camaxeira et son paysan, le vilon, portant encore la chemise à jabot et le bonnet à longue pointe d'un aspect si original.

Dans la galerie des arts usuels, on voyait des instruments de précision, des spécimens d'impression, de reliure, des cartes de géographie, de géologie et des mines, — notamment la *carte géologique du Portugal* de MM. C. Ribeiro et E. Delgado, publiée à l'échelle de $\frac{1}{100,000}$ sur le canevas du dépôt de la guerre, — et la *carte minière du Portugal* de MM. C. Ribeiro et J. A. C. Das N. Cabral.

La première a été entreprise en 1857, et six feuilles avaient paru en 1867. On les lit avec d'autant plus de facilité que les auteurs ont adopté, à peu près, la série des couleurs de la carte de France ; elles sont accompagnées d'une suite de vues des côtes, formant dix feuilles, très habilement dessinées et très instructives. Les mêmes auteurs ont, en outre, exécuté une carte d'ensemble du Portugal, à l'échelle de $\frac{1}{500,000}$ sur la carte publiée par l'institut géographique. Ce second travail comprend deux feuilles. MM. Ribeiro et Delgado ont eu l'honneur d'accomplir cette tâche seuls, dans un pays très incomplétement exploré avant eux. Ils contribuent ainsi, pour une part, à l'essor de l'industrie minière en Portugal. La partie paléontologique de l'œuvre est due à M. Costa, l'un des trois directeurs, dont le mérite est également reconnu.

La *carte minière du Portugal* représente bien clairement les différents gîtes minéraux du royaume, en même temps que les conditions géologiques dans lesquelles ils se trouvent. L'intéressante notice sur le même sujet, que M. Das N. Cabral avait publiée pour l'exposition, sert utilement de texte explicatif à cette carte.

Dans la galerie du mobilier, on remarquait plusieurs meubles en bois noir exposés par une maison de Porto, — notamment une table ronde, également en bois noir incrusté de lames de bois blanc convergeant et s'amincissant vers le centre, et qui présentait à l'œil une opposition de couleur d'un aspect original. Tout à côté, un coffret curieux présentait en incrustation la reproduction fidèle de l'île de Madère, se détachant en blanc sur un fond noir. Les montagnes, les cours d'eau et la ville s'y trouvaient représentés ; un peu plus loin était une armoire construite en bois de camphrier, dont le placage et les ornements étaient en palissandre.

Les porcelaines et faïences de toute nature présentaient quelques spécimens, parmi lesquels nous indiquerons, comme ayant un caractère local, les carreaux destinés à recouvrir le sol et la muraille des édifices. Il y en avait de toutes formes ; leurs dimensions, relativement grandes, les différencient considérablement des *azulejos* mauresques, qui certainement ont été la base première de cette industrie toute méridionale.

Les *alcarazas* portugaises, sorties des fabriques de Coïmbre, étaient d'un rouge plus foncé que celles d'Espagne.

Les soies, les étoffes et toiles, placées dans l'une des divisions du secteur, ont prouvé que l'antique fabrication des lainages a repris une notable partie de l'importance dont elle jouissait autrefois en Portugal. Covilhao, Portalegre et Govea sont les principaux centres de cette industrie.

La manufacture de la soie, qui, au milieu du siècle dernier, avait reçu du marquis de Pombal une si vigoureuse impulsion, se soutient et même progresse ; ses centres d'activité sont à Porto et à Lisbonne.

A côté des soieries, n'oublions pas les petites dentelles pour garnitures, d'un travail bon, solide et à modeste prix ; — les broderies blanches pour toilette, qui témoignent d'un progrès sérieux dans l'industrie de ce royaume et d'une grande facilité d'exécution ; — plus loin, l'industrie cordonnière naissante et quelques impressions d'étoffes principalement venues de Porto et de Lisbonne.

L'orfévrerie et la bijouterie comptent parmi les plus anciennes industries du Portugal ; elles ne sont pas déchues. En effet, les objets exposés en ce genre, quoique peu nombreux, parurent dignes d'examen. Les Maures ont légué aux ouvriers portugais leur rare habileté pour la confection du filigrane. M. Morira, notamment, exposa en ce genre des objets fort beaux : c'est l'argent que cet orfèvre travaille de préférence, et ses filigranes sont d'une remarquable légèreté et d'un incontestable bon goût.

L'exposition des cierges d'église offrit le même intérêt que celle des Etats-Pontificaux, en raison de l'ornementation bizarre et curieuse adoptée pour plusieurs de ces objets.

Examinons maintenant l'exposition portugaise sous le rapport industriel et économique. Le Portugal est principalement un pays producteur de matières premières, soit qu'elles proviennent de la métropole, soit qu'elles aient été expédiées de ses colonies. A ce point de vue, la richesse de ses produits est remarquable et tout le monde a pu admirer ses minerais.

La plus importante mine de plomb du royaume, celle de Braçal, près d'Aveiro, sur la route de Porto à Lisbonne, exposa, en outre de nombreux fragments de galine, quelques lingots de plomb qui montrèrent que le minerai se travaille sur place. Suivaient ensuite les minerais de cuivre d'Evora, puis des blocs d'anthracite des mines de charbon avoisinant Porto, et enfin un bloc énorme de pyrite de fer cuivreux, provenant des environs de Beja. La pyrite, ou sulfure de fer, est un des minéraux les plus répandus dans la nature, et est exploitée maintenant dans tous les Etats où les arts chimiques ont pris du développement. Le plus beau gisement de pyrite qui soit en exploitation est apparu avec une richesse exceptionnelle dans la province contiguë d'Alemtejo en Portugal, et qu'on y travaille à San Domingos. Le magnifique bloc de pyrite toute pure, qui figurait à l'exposition, attirait tous les regards par son éclat et ses dimensions. Cette mine avait été l'objet de travaux importants du temps des Romains ; mais elle était tombée dans l'oubli. Il y a peu d'années, grâce à l'initiative du roi Dom Luiz, on se remit à l'attaquer avec un grand déploiement de force. En quelques années, une ville s'éleva à San Domingos, et le port qui dessert la mine, celui de Pommerao, creusé par un homme habile et entreprenant, M. James Mason, fait baron de Pommerao par le roi de Portugal, est aujourd'hui fréquenté par de nombreux navires que la pyrite seule y attire.

Les échantillons de marbre étaient aussi variés et nombreux ; on le sait, en effet, les carrières de Portugal sont riches et abondantes.

Le Portugal n'a plus qu'une très faible partie de ses colonies. Mais ce qui lui reste est d'une originalité sans pareille ; c'est Madère, la terre des Guanches, c'est Porto-Santo, ce sont les îles du Cap-Vert, ce sont les noirs établissements du Congo, d'Angola, de la Sénégambie ; c'est Mozambique, ce sont les îles Saint-Thomé et du Prince ; c'est encore, en Asie, Goa, jadis si superbe ; c'est Diù, c'est Macao la chinoise, et par delà, en Océanie, Sabrao, Solor et Timor. De telles perles valaient bien la peine qu'on mît en lumière leur mérite.

Les productions de ces colonies sont, en effet, aussi variées que nombreuses. L'Inde avait envoyé des bois ouvragés ; deux berceaux indiens en bois laqué rouge et jaune, provenant de Goa ; des coffrets de même nature et des boîtes en sandal très fouillées, ainsi que de nombreux objets en vannerie. Margao, un autre comptoir de l'Inde, avait fourni deux fauteuils en bois de bissao sculpté, ainsi que des armes nombreuses disposées en panoplie. Goa exposa encore de menus objets travaillés à la main, notamment des cordons en or et en argent d'une remarquable finesse, et de petites figurines sculptées en ivoire de dents de cheval marin.

Les envois des colonies d'Afrique présentèrent, pour l'industriel et pour le commerçant, un intérêt plus considérable. Ils consistaient en une riche collection de racines et de graines exotiques de toute nature, en nombreux échantillons de chanvre, puis en gomme de copal, en cire et en résine, provenant principalement d'Angola. Toutes ces matières donnent lieu à un commerce important en écaille et en ivoire.

En fait de produits minéraux, on y voyait le gypse, le soufre, la malachite, le cuivre et le fer magnétique. Enfin, comme objets de curiosité originaires d'Afrique, l'exposition des colonies portugaises offrait un assez grand nombre d'armes et de peaux de reptiles et de bêtes fauves; des articles d'habillement indigènes et des produits de l'industrie locale, tels que des travaux en ivoire, notamment un crucifix en ivoire d'hippopotame; puis une collection de monnaies et de médailles remontant aux diverses époques de la domination portugaise.

L'exposition du matériel de navigation prouva aussi que les Portugais ne renoncent pas à cultiver l'art de diriger et de sauver les vaisseaux; et pour affirmer davantage leurs tendances louables à occuper un rang distingué parmi les nations, sous le rapport du génie industriel, faut-il que nous poursuivions cette énumération, en citant encore : les objets de papeterie, le matériel des arts de la peinture et du dessin; les instruments de musique; les appareils et instruments de l'art médical, ambulances civiles et militaires; les tapis, tapisseries et autres tissus d'ameublement; la coutellerie; l'horlogerie; la maroquinerie; la tabletterie; la vannerie; la bonneterie; la lingerie; les produits des exploitations et des industries forestières; ceux de la chasse et de la pêche; les produits pharmaceutiques et chimiques; les ombrelles et parapluies, dans la fabrication desquels le Portugal rivalise presque avec la France; la ganterie, fort en progrès aujourd'hui, et généralement tous les produits agricoles dont la beauté du climat multiplie la richesse, tels que : les oranges, les olives, les amandes, les noix, les figues, le maïs, le riz, le sorgho, les cafés, le cajanus indien, le phaseolus, pour ne pas prononcer le mot prosaïque de haricot, le manioc, le cacao, la cannelle de Goa, le safran, les épices, les tabacs, les essences, les vins, connus du monde entier. Bref, une exposition agricole et viticole hors ligne!

Dans cette multiplicité des envois du Portugal, dont nous sommes loin d'avoir complété la liste, s'est révélée la main intelligente, non-seulement des commissions et des directions, — mais aussi des associations professionnelles. Pour se convaincre de l'influence énorme de ces dernières sur l'essor de l'industrie portugaise, il faut lire et méditer l'historique intéressant qu'en a fait le rapporteur du *jury spécial, relatif aux citations proclamées dans la séance solennelle de la distribution des récompenses* :

« Bien que les classes laborieuses, dit-il, ne présentent nulle part, en Portugal, le spectacle de ces extrêmes misères que l'on rencontre dans certains centres industriels de l'Europe, et que la douceur du climat y rende la vie plus facile, les associations professionnelles ont pris depuis quelques années, dans ce royaume, un développement qui mérite de fixer d'une manière spéciale l'attention publique.

« Tous ou presque tous les métiers ont aujourd'hui, en Portugal, des associations fraternelles. Ces associations ont un double but :

« 1° Venir en aide aux ouvriers dans les circonstances malheureuses, comme la vieillesse, le manque de travail ; donner des secours aux veuves et enfants des ouvriers décédés;

« 2° Assurer et hâter le développement intellectuel de leurs membres, en établissant des écoles du soir, des bibliothèques, des salles de lecture, des expositions, etc.

« Comme on le voit, ce ne sont pas de simples associations de secours mutuels. On peut plutôt les comparer aux *Mechanics-instituts* de l'Angleterre, ou aux Sociétés d'utilité publique de la Suisse.

« Ces institutions ont pris des formes très diverses; cependant elles ont toutes pour principe la mutualité, et la plupart sont dues à l'initiative privée. Depuis 1863, le gouvernement a approuvé les statuts de plus de cent nouvelles associations, et il s'en est formé un très grand nombre qui n'ont pas sollicité cette approbation.

« Les sociétés de secours mutuels sont répandues dans toutes les provinces du Portugal. On en rencontre également dans tous les établissements industriels de quelque importance.

« Un très grand nombre entretiennent des écoles du soir ; plusieurs ont organisé un enseignement technique, et l'on peut, dès aujourd'hui, constater l'impulsion que ces efforts ont imprimée au développement intellectuel des classes ouvrières, et l'élévation morale qui en est résultée.

« Toutes ces associations ne sont pas restreintes aux ouvriers de l'industrie et de l'agriculture. Il en existe pour des professions très différentes : les employés de l'Etat en ont formé, les notaires, les commis de magasin.

« A Lisbonne, les ouvriers de chaque métier sont réunis en association fraternelle, et l'on discute toutes les questions qui peuvent intéresser leur industrie; et ce qu'il y a de remarquable, c'est que patrons et ouvriers se rencontrent et fraternisent sur ce terrain neutre.

« Des députés, des hommes d'Etat éminents ne dédaignent pas d'accepter la présidence de ces associations. Ils en représentent les intérêts et peuvent ainsi, avec compétence, défendre jusqu'au sein des corps publics les questions spéciales qui concernent chaque métier.

« Une association centrale, connue sous le nom d'*Association d'encouragement pour les classes laborieuses*, dont font partie de droit tous les membres des associations fraternelles, réunit en quelque sorte ces branches éparses.

« Enfin, on rencontre encore, dans la capitale, une autre société également considérable, — la *Société d'encouragement de l'industrie manufacturière*, — qui compte parmi ses sociétaires, non-seulement des industriels, mais toutes les personnes qui, à un titre quelconque, veulent concourir au développement de l'industrie dans le royaume. Cette société publie un journal pour répandre de saines notions économiques et tenir le public au courant de tous les perfectionnements nouveaux qui se produisent dans le monde industriel. Elle a fondé un cabinet de lecture ouvert tous les jours à ses membres, et entretient des écoles du soir.

« Le nombre des adhérents à ces sociétés de prévoyance s'élevait, dès 1862, à Lisbonne seulement, à plus de douze mille. A cette même époque, une société qui s'établissait, le *Monte Pio geral*, comptait en peu de temps onze cent neuf associés, et distribuait, dans cette même année 1862, une somme de 60,000 francs en pensions servies à des veuves, fils ou mères d'associés décédés. Quelques-unes de ces pensions dépassaient le chiffre de 2,000 francs.

« Bien d'autres exemples pourraient être ajoutés à celui-ci. Evidemment, des associations comme celles dont nous venons de parler doivent puissamment contribuer à introduire dans les classes ouvrières l'esprit d'ordre et de prévoyance, et donner de la stabilité à l'existence de l'ouvrier. Par les efforts qu'elles ont faits pour l'instruire, elles sont également arrivées à lui donner une vue plus claire de ses intérêts, et à l'attacher davantage à ses devoirs.

« On a pu constater l'influence exercée par ces institutions sur les rapports qui existent entre tous ceux qui coopèrent aux mêmes travaux. Ces rapports sont presque partout faciles, et l'on aurait peine à découvrir les traces d'un antagonisme quelconque.

« C'est ce grand mouvement, remarquable à la fois par son origine toute spontanée, par les traits qui le caractérisent, et par les importants résultats déjà obtenus, que le jury a cru devoir mettre en lumière par une citation spéciale. »

S'il est juste d'attribuer aux efforts intelligents d'associations aussi puissantes le merveilleux développement de l'industrie portugaise, il n'est pas moins juste, — et c'est le sentiment général,—de rappeler la part de l'impulsion généreuse d'un souverain ami des arts et du progrès. Quant à l'organisation générale de l'exposition, le mérite en revient incontestablement à la commission, dont les installations intérieures, pleines de bon goût, furent classées parmi les installations originales. Cette commission avait pour président l'un des plus illustres personnages du Portugal, M. le comte d'Avila, ancien ministre des affaires étrangères, que les commissaires étrangers chargèrent de rédiger une Adresse en l'honneur du souverain français. Une pensée de délicate courtoisie avait, dit-on, déterminé le choix de l'honorable président; la commission était heureuse de présenter ses félicitations à l'empereur, par l'organe d'un ministre dont le roi était alors l'hôte de la France. Hélas! il est déjà loin de nous ce temps où le noble comte louait « les grandes œuvres pacifiques » d'un règne si tristement achevé, et parlait, le cœur ému, « de tant de merveilles réunies au palais du Champ de Mars, devenu ainsi le centre de toutes les forces morales du monde! » O néant des choses humaines!

Mais revenons au souvenir d'une époque qui n'en restera pas moins une des pages les plus éblouissantes de notre histoire, et ajoutons un dernier trait à l'esquisse bien imparfaite de l'exposition portugaise; car la peinture et la sculpture ne nous pardonneraient pas l'oubli de leurs meilleurs représentants dans la patrie de Camoëns et de Zurbaran. Aussi bien, dans quelques-unes des toiles exposées,—signées des noms célèbres d'Annunciâo, Chaves, Christino, Fonseca, Lasserva, Lupi, vicomte de Menezes, Pedrozo Pereira, Rezende, Silva et Tomazini (appartenant pour la plupart au roi Dom Luiz et au roi Dom Fernando), — on se plut à retrouver le génie national. La sculpture était représentée par le professeur Bastos et notre compatriote Calmels, auteur des statues et bustes de plusieurs rois de Portugal; — la gravure, par MM. Campos, Conceiro, Malarniho et Viener, auteurs de très belles médailles et monnaies, et Lodrozo, professeur de gravure sur bois ; — l'architecture, par MM. Fonseca et Narciso Silva, dont les projets furent fort remarqués. En somme, vingt-trois peintres et vingt-cinq sculpteurs ou graveurs seulement avaient exposé, et, sous ce rapport, l'exposition de Porto avait été beaucoup plus riche en nombre. Mais le Portugal, dans toute son histoire, a toujours prouvé qu'il n'était pas besoin d'être un peuple nombreux pour être un grand peuple. Quoique petit, il a trouvé moyen de semer par le monde des essaims considérables ; — témoin le Brésil !

XVII

LE ROI ET LA REINE DE PORTUGAL A PARIS

Nous avons décrit, aussi consciencieusement que possible, l'œuvre remarquable de la commission portugaise à cette solennelle exposition de 1867, dont le souvenir, — comme nous le disions à la fin du précédent chapitre, — survivra quand même à la chute si profonde et si misérable de l'Empire. Il nous convient maintenant de raconter quelle splendide hospitalité fut réservée aux augustes souverains de Portugal.

Partie de Lisbonne le 4 mai, et accompagnée du duc de Loulé, la reine Maria-Pia prit la route de Madrid, puis celle d'Italie, et rejoignit à Genève le roi Dom Luiz, qui s'y rendait de son côté par Toulouse, Narbonne, Cette et

Nîmes. Le couple royal visita la Suisse, et de là s'achemina vers Bruxelles. Ce n'est que le 20 juillet qu'il devait venir à Paris, où il quitta l'incognito qu'il avait conservé durant la première partie de son voyage.

L'arrivée, dans notre capitale, de Leurs Majestés portugaises, marquait la dixième étape de cette grande odyssée qui attira invinciblement à l'Exposition tous les souverains de l'Europe. Après les bruyantes démonstrations provoquées par les visites du czar, du roi de Prusse et du sultan, la population parisienne sut témoigner au jeune roi de Portugal, ainsi qu'à la jeune reine Maria-Pia, les sympathies franches et chaleureuses que leurs qualités ont inspirées à la France. On se rappelle, en effet, qu'à l'époque où il fut question de soumettre à un congrès général la solution des difficultés qui divisaient les puissances européennes, la réponse de Dom Luiz s'était fait remarquer par un acquiescement empressé que le jeune monarque justifiait par les considérations les plus élevées.

Cette communauté d'idées ne pouvait que rendre plus cordiales les relations créées par les liens de famille entre les deux cours de France et de Portugal.

Le roi Dom Luiz était accompagné du duc de Coïmbre, son jeune frère, et d'une suite nombreuse. Leurs Majestés portugaises furent installées au pavillon Marsan, et le jour même de leur arrivée, il y eut aux Tuileries grand dîner en leur honneur. Mais la semaine qui allait suivre devait montrer que la visite de Dom Luiz n'était pas uniquement inspirée par le plaisir, car le jeune monarque fit de longues et fréquentes apparitions au palais du Champ de Mars, à l'exposition de peinture, à Billancourt, au Louvre, partout enfin où les œuvres d'art, notamment, pouvaient charmer son esprit et son goût éclairé. Les visites à Compiègne, au château de Pierrefonds, les dîners, les réceptions, les représentations de gala se succédèrent tant et si bien en l'honneur des illustres visiteurs, que nous nous garderons bien d'en fatiguer le lecteur. Toutefois, il se rattache à une ou deux de ces fêtes quelques incidents historiques de nature à jeter un peu de variété dans notre récit.

La somptueuse solennité de l'Hôtel de Ville du 25 juillet ne saurait être, d'ailleurs, passée sous silence, car elle a dû laisser dans le souvenir de Leurs Majestés portugaises des traces ineffaçables. Dans la grande galerie des fêtes, magnifiquement décorée, était dressée une table de cent quatre-vingts couverts. Les autres salons, resplendissant de mille feux, étalaient toutes les splendeurs magiques dont se montrait si noblement prodigue, dans ses réceptions, le *magnifique préfet de la Seine*, comme les journaux anglais l'avaient surnommé.

Le charme principal de cette soirée consistait dans le nombre très restreint des invitations. Quatre cents personnes environ avaient été conviées. Aussi pouvait-on se promener, aller, venir et causer à l'aise. Chacun put entendre admirablement le concert préparé dans le salon des Arcades.

Le roi de Portugal, excellent musicien et même virtuose d'une certaine force, adressa à madame Carvalho des compliments qui avaient un mérite tout particulier. C'était la première fois que Leurs Majestés entendaient l'éminente cantatrice ; elles furent tellement charmées de ce talent si parfait, qu'elles lui promirent d'aller l'entendre de nouveau, le premier soir où elle chanterait au Théâtre-Lyrique, et le lendemain, en effet, elles assistaient à la représentation de *Roméo et Juliette.* Notre célèbre violoniste Alard, après la romance de Beethoven, avait été, lui aussi, demandé et très vivement félicité par le roi.

Un détail curieux de cette soirée toute féerique, c'est l'attraction magnétique que produisit la présence de l'auguste fille de Victor-Emmanuel. On admira beaucoup cette frêle et gracieuse jeune femme, qui semblait pour ainsi dire plier sous le poids des diamants qui la couvraient. Il serait difficile de peindre cette figure un peu étrange et cependant pleine d'un charme indéfinissable. Entouré de ses cheveux d'un blond chaud, ce pâle visage ressemble à ces têtes de femmes qu'on voit illuminées d'un nimbe d'or dans les vitraux des antiques cathédrales.

Les visiteurs de l'Exposition de 1867 ont dû remarquer à côté des magnifiques vitraux de Maréchal (de Metz), les verrières exposées par M. Paul Chalons (de Toulouse), un véritable artiste, dont la place est certainement marquée parmi les maîtres verriers contemporains. Au milieu de ces verrières, à côté de celles qui offraient l'image de sainte Marie l'Égyptienne et de Tolosa, il y en avait une, représentant sainte Isabelle et saint Ferdinand, sous les traits de la reine et du roi d'Espagne. On eût cru qu'en peignant sainte Isabelle, l'artiste avait sous les yeux la reine de Portugal ; car on eût trouvé difficilement un portrait plus ressemblant.

Nous parlions tout à l'heure des diamants qui couvraient la reine. On sait, en effet, que la couronne de Portugal est peut-être celle qui possède aujourd'hui les diamants les plus beaux et les plus nombreux. Le fameux diamant le Sancy, qui fut exposé et mis en vente au palais de l'Industrie, a longtemps appartenu au Portugal.

Le dénoûment de la fête, que nous venons de raconter, offrit un des spectacles les plus brillants qu'on puisse voir, sans contredit ; ce fut le départ des souverains au moment où, précédés du préfet et du corps municipal, et accompagnés des grands dignitaires et officiers de service, ils traversèrent la cour intérieure de l'Hôtel de Ville pour gagner l'escalier Henri IV et la porte du milieu. L'illumination de la cour était véritablement merveilleuse.

De cette éblouissante solennité, digne des splendeurs orientales des *Mille et une Nuits*, le roi et la reine de Portugal ont assurément gardé la mémoire. Quant à la ville de Paris, elle a tenu à honneur de perpétuer le souvenir de leur royale visite, en plaçant leurs bustes dans son palais municipal, à côté de ceux des souverains qui l'ont honoré de leur présence depuis 1852.

Cependant, c'est pénétré de la cordiale hospitalité de la France, que Dom Luiz dut songer à retourner dans ses Etats. Le 11 août, il s'éloigna de notre merveilleuse capitale, avec la reine Maria-Pia, arriva le 12 à Bordeaux, où l'attendaient des fêtes nouvelles, et remonta, le 13, dans le train impérial qui le conduisit à Hendaye, sur la Bidassoa.

Là, le train royal espagnol reçut les augustes voyageurs et les mena directement à Madrid, d'où ils reprirent le chemin de Lisbonne.

Assurément, le spectacle de l'Exposition universelle de Paris a dû graver dans l'esprit de Dom Luiz des leçons fécondes, dont il profitera comme philosophe et comme souverain. Il est jeune, il est libéral, il porte en lui l'avenir du Portugal ; il a gagné l'amour de son peuple, que son auguste père lui avait ménagé. Que sa main habile continue à pousser la nation, heureuse et confiante, dans la voie du progrès ! Tout sourit à son règne : plus de révolutions, plus de guerres civiles, plus de conspirateurs de palais, plus de traîtres de la veille qui deviennent les grands hommes du lendemain. Doux et énergique à la fois, le Portugal, sous son inspiration, peut recommencer l'ère élégante et riche de Dom Manoël, l'inspirateur des grandes aventures. Le Portugal est tout entier sur la mer, tout en côtes maritimes, et il peut étudier son passé en édifiant pour l'avenir ; il a la foi et l'ardeur ; il a appliqué le code de l'Evangile divin, en abolissant la peine de mort. Guidé vers le bon accord par la liberté, c'est à lui à montrer, sous l'égide d'un jeune roi, que la race latine se relève de son déclin !

FIN

TABLE

Paris. — Typ. Alcan-Lévy, 61, rue de Lafayette.

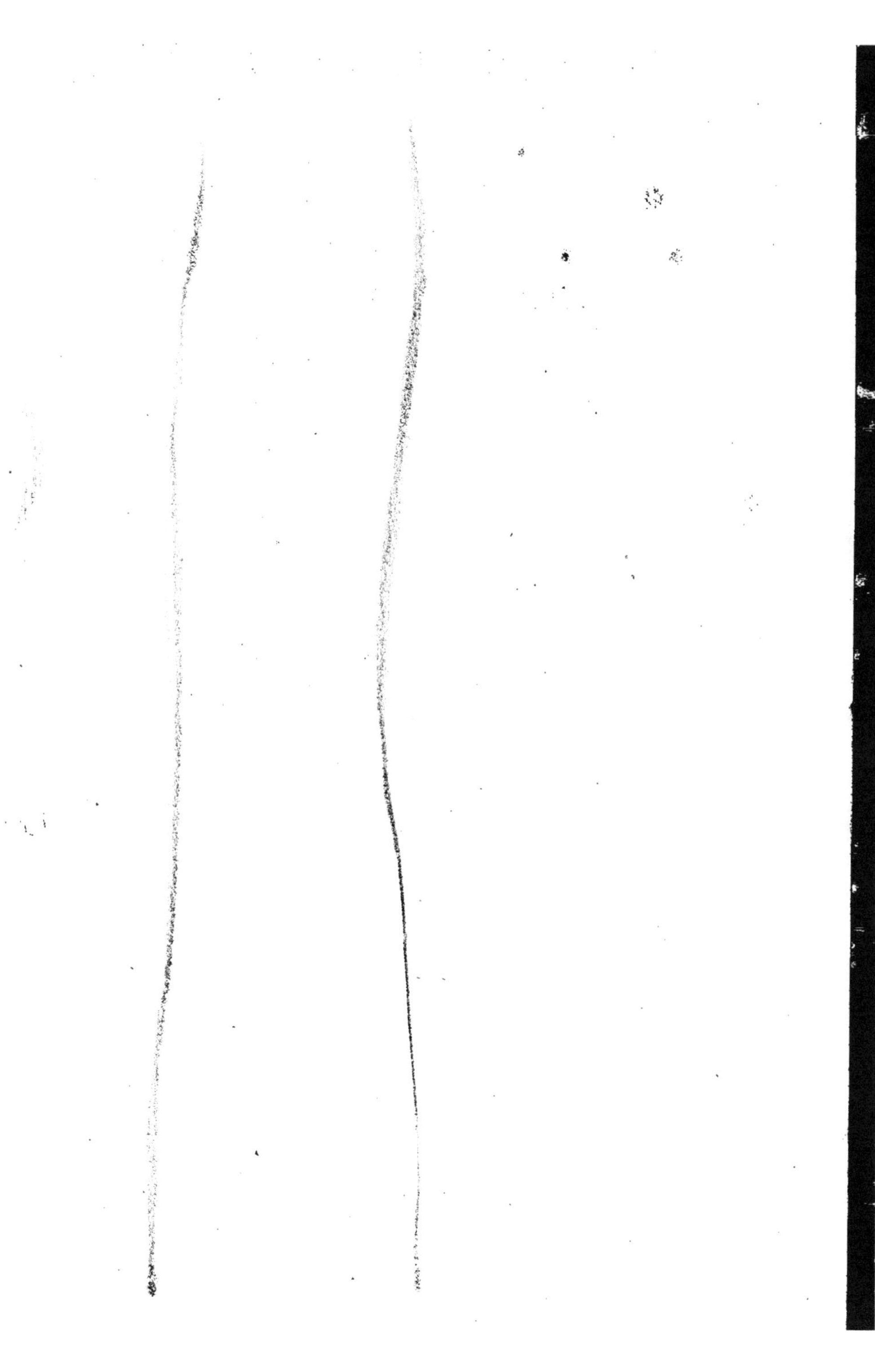

www.ingramcontent.com/pod-product-compliance
Ingram Content Group UK Ltd.
Pitfield, Milton Keynes, MK11 3LW, UK
UKHW020244250726
13967UKWH00004B/1505